基于田野思政的旅游管理专业实践教学改革研究

杨 洋 著

燕山大学出版社
·秦皇岛·

图书在版编目（CIP）数据

基于田野思政的旅游管理专业实践教学改革研究 / 杨洋著. —秦皇岛：燕山大学出版社，2024.5

ISBN 978-7-5761-0585-8

Ⅰ. ①基… Ⅱ. ①杨… Ⅲ. ①旅游经济－经济管理－教学改革－研究－高等学校 Ⅳ. ①F590

中国国家版本馆 CIP 数据核字（2023）第 232718 号

基于田野思政的旅游管理专业实践教学改革研究
JIYU TIANYE SIZHENG DE LÜYOU GUANLI ZHUANYE SHIJIAN JIAOXUE GAIGE YANJIU
杨洋 著

出 版 人：陈　玉	
责任编辑：张岳洪	策划编辑：张岳洪
责任印制：吴　波	封面设计：吴　波
出版发行：燕山大学出版社	电　　话：0335-8387555
地　　址：河北省秦皇岛市河北大街西段 438 号	邮政编码：066004
印　　刷：涿州市般润文化传播有限公司	经　　销：全国新华书店
开　　本：710 mm×1000 mm　1/16	印　　张：13.75
版　　次：2024 年 5 月第 1 版	印　　次：2024 年 5 月第 1 次印刷
书　　号：ISBN 978-7-5761-0585-8	字　　数：235 千字
定　　价：58.00 元	

版权所有　侵权必究

如发生印刷、装订质量问题，读者可与出版社联系调换

联系电话：0335-8387718

前　言

读万卷书，行万里路。旅游活动自诞生之初就具有重要的实践育人价值。古人习惯于把旅游与育己育人结合在一起，体现了"于行走中育人"的教育理念和人文精神。进入大众旅游时代，追求审美、精神愉悦和自我发展的旅游活动，逐渐娱乐化、规模化、功利化。但随着研学旅行、红色旅游、文博游、乡村文创、自然营地教育等新业态不断涌现和火热发展，旅游活动实践育人、旅游景区文化育人、旅游生态环境育人等价值不再日渐式微，而是可以乘数级放大旅游活动的育人价值。旅游带来的感官冲击和情感体验，会构筑人们思想升华的心理基础，会激发内心深处的"情怀"并完善自己的"德行"，进而转化为思想的认同与行为的转变。因此能否有效发挥旅游活动的育人价值，取决于如何最大程度彰显旅游行业的多元性和教育性特点。

"十四五"时期，人力资本和人才水平对文化和旅游业高质量发展具有重要作用。无论科技如何变革，文化和旅游业"服务"的本质不会改变，具有工匠精神的实践技能型人才，仍然是未来旅游业大量需求的人才。因此以实践教学为载体，把思政小课堂同旅游行业乃至社会大课堂结合起来，探索在全域范围建立"行走在田野上的思政课堂"显得尤为重要。

本书是一本全面论述旅游管理专业实践教学目标体系、运行体系、保障体系三大系统重构改革路径的专著。笔者运用理论分析、实证分析、案例分析等研究方法，首先分析了当前旅游管理专业人才供给与需求错位之处，然后提出通过引入田野思政理念，将专业教育、创新创业教育、思想政治教育三者有机融合，按照"田野进课堂、课堂进田野、课堂与田野有机翻转"的模式，从目标体系、运行体系、保障体系三大系统来重新构筑旅游管理专业实践教学体系的逻辑链条，以解决现实难题。全书共分为十个章节。第一章奠定了全书的理论基础，着重介绍了重点名词的概念、内涵及其内在联系，并对国内外实践教学的研究现状进行了分析与述评；第二章通过实证分析"十四五"时期旅游行业人才需求与实践教学体系供给现状，总结了人才供需"三大矛盾"；第三章到第九章重点论述了基于田野思政理念，如何用"融入式、沉浸式、嵌入式"三种手段构建新范式的实践教学体系，探索了如何多环节、多形式、多层面、渐进式地将"田野+"理念融入实践教学的目标定位体系、战略运行体系、支撑保障体系等三大系统；第十章为实践案例篇，从"田野+课程""田野+双创""田野+竞赛""田野+实习实训"四个角度总结整理了湖北大学知行学院近几年的实践教学经验和成果，以期为其他院校旅游管理专业的实践教学改革提供借鉴。

  本书从选题构思到完成撰写历时两年，写作过程中参考和借鉴了大量的国内外相关资料，并吸收了国内外学者的相关研究成果，在此表示感谢。同时，本书中第十章使用了笔者在教学过程中指导学生编写的获奖作品和科研成果，在此对参与的学生表示诚挚的谢意。本书从选题策划到出版发行一直是在燕山大学出版社有关领导和张岳洪编辑的指导下完成的，在此一并表示衷心的感谢。

  由于时间和水平有限，书中一些疏漏之处望同行和各位读者给予批评指正，以使本书不断完善。书即将付梓，是为序。

作者
2023年8月

目 录

第一章 绪论 1
    第一节 国内外研究现状 4
    第二节 相关概念界定 10
    第三节 理论基础与研究启示 19

第二章 旅游管理专业人才需求与实践教学现状 25
    第一节 旅游行业人才需求现状 25
    第二节 旅游管理专业实践教学的现状 33
    第三节 旅游人才需求与实践教学供给错位分析 39

第三章 旅游管理专业实践教学体系构建 41
    第一节 实践教学改革的驱动要素 41
    第二节 实践教学体系构建原则 45
    第三节 基于田野思政实践教学理念 47
    第四节 基于田野思政实践教学体系构建框架 49

第四章 旅游管理专业实践教学目标要求 54
    第一节 KAS 理论 54
    第二节 基于田野思政实践教学目标依据 55
    第三节 基于田野思政实践教学目标体系 57

第五章 旅游管理专业"田野+"实践场域创设工程……62
- 第一节 "田野+"实践场域创设理论基础……62
- 第二节 "田野+"实践场域创设内涵解读……68
- 第三节 "四域协同、行走课堂"实践场域构建……70

第六章 旅游管理专业实践教学课程育人塑造工程……78
- 第一节 实践教学课程建设多重定位……78
- 第二节 实践教学课程内容体系设计……80
- 第三节 专业课程田野思政实践教学案例……89

第七章 旅游管理专业实践教学师资培育工程……104
- 第一节 实践教学胜任力模型……104
- 第二节 教师在实践教学中的角色定位……108
- 第三节 实践教学师资队伍存在问题……110
- 第四节 "一主多辅、多段互补"师资体系建设……112

第八章 旅游管理专业实践教学基地打造工程……115
- 第一节 旅游实践教学基地建设的时代机遇……115
- 第二节 实践教学基地建设的驱动要素分析……117
- 第三节 "五位一体"实践教学基地体系构建……118
- 第四节 "五位一体"实践教学基地功能定位……122
- 第五节 "五位一体"实践教学基地优化策略……123

第九章 旅游管理专业实践教学四维互动评价机制……126
- 第一节 实践教学评价机制的基本原则……126
- 第二节 CIPP评价模式……128
- 第三节 "多角色、过程式"实践教学评价体系构建……131

第十章 旅游管理专业"田野+"实践教学案例展示……136

第一节 "田野+课程"全程项目导师制教学改革 136
   第二节 "田野+竞赛"实践教学案例 145
   第三节 "田野+双创"实践教学案例 173
   第四节 "田野+实习实训"实践教学案例 181

参考文献 186

附录 193
   附录A：高等学校课程思政建设指导纲要 193
   附录B：旅游企业用人需求特征调查问卷 201
   附录C：应用型本科高校旅游管理专业实践教学体系现状调查问卷 204
   附录D：2023全国普通高校大学生竞赛目录 207

第一章 绪 论

2018年9月17日,教育部印发《教育部关于加快建设高水平本科教育 全面提高人才培养能力的意见》,明确指出:"进一步提高实践教学的比重","面向全体、分类施教、结合专业、强化实践,促进学生全面发展。推动创新创业教育与专业教育、思想政治教育紧密结合"。2020年,教育部印发的《高等学校课程思政建设指导纲要》指出,在所有高校所有学科专业全面推进课程思政建设,明确了课程思政教学体系包含公共基础课程、专业教育课程、实践类课程(专业实验实践课程和社会实践类课程)。可以看到,面向社会实践和行业需求的新型教育机制已是时代之需。强化实践教学已经成为旅游专业教育和思政教育的共识和契合点。

随着旅游课程思政教育的逐渐开展,旅游专业思政实践逐渐向多元化发展,但实质上并没有改变固有缺陷,即走不出校园课堂,嵌入社会的实然性知识欠缺,知识悬浮不接地气;时常容易陷入"在课堂里想象实践""在课堂里论实践""从应然层面看实践"的情境中,一直存在"知识传授"与"思政习得"两张皮的弊病,也导致学校传授知识与社会现实的链接及过渡遇到障碍。因此,以下问题值得我们深入思考:

第一,实践教学与思政教育间的割裂性和二元性。目前大多应用型高校旅游管理专业已开展专业思政工作,但专业实践教育与思政教育两者之间还存在"孤岛效应"痛点问题,如何解决旅游专业思政教师创设情境难与学生兴趣度不高的问题已成为课程思政教学改革的重点和难点。

第二,专业思政实践教学场域的单一性和局限性。从目前在中国知网的检索情况来看,自2018年高等学校就已开启了旅游管理专业"课程思政"的教学与研究。主要是围绕某一具体专业课程，探讨如何在专业课程中融入思政元素的经验实践，多关注的是教师观念的改变和更新，重视的是教材内容与立德树人的融合共生。但研究主要阵地还是理论教学，太过强调教师作用的发挥，忽略了学生的主体性和主动性，专业思政教学场域单一，难以真正教学相长。

第三，高校与行业的协同发展间表现出表象性特征。目前，高校与行业间的联系主要为旅游管理专业教育的实习实训。一方面，应用型高校旅游实践教育与当前行业人才需求存在脱节；另一方面，行业前沿发展现状和人才需求现状尚未深度融入到专业思政与实践教学环节中，缺乏对实践教学改革的引领。

旅游学科具有先天的田野性质，具有较强的应用性和交叉性。相较于理论教学，实践教学具有思政育人元素承载量大、育人效果明显的特点，也被誉为"行走的金课、最生动的创新课和有温度的思政课"。2017年8月15日，习近平总书记在给参加第三届中国"互联网+"大学生创新创业大赛"青年红色筑梦之旅"的大学生回信中写道："希望你们扎根中国大地了解国情民情，在创新创业中增长智慧才干，在艰苦奋斗中锤炼意志品质，在亿万人民为实现中国梦而进行的伟大奋斗中实现人生价值，用青春书写无愧于时代、无愧于历史的华彩篇章。"习近平总书记的寄语进一步论证了"旅游人才培养需要扎根祖国大地，服务于中国式现代化文化和旅游产业发展"。

因此通过引入田野思政理念，将专业教育、创新创业教育、思想政治教育有机融合，按照"田野进课堂、课堂进田野、课堂与田野有机翻转"的模式，重新构筑应用型本科院校旅游管理专业实践教学体系的逻辑链条，来解决现实中课程思政实践教学难题，不失为可行之道。

本研究从旅游学科性质出发，让课程思政走向社会，走向不确定场景，进行开放式教学，提出田野思政新理念，以此为切入点，通过文献梳理，对田野思政、实践教学体系等核心概念进行界定，明晰田野思政与实践教学的关联性。通过问卷调查法、访谈法等方法系统调研了旅游行业人才需求和应用型本科院校旅游管理专业实践教学的现状，从而分析旅游行业人才供给与需求的矛盾错位之处。在此基础上，本研究融入"将田野带入课堂""将学生置于田

第一章 绪论

野"两种田野思政课程教学理念,提出构建"创设情境—项目探究—任务实践"三维"田野式"实践教学模式,并分别阐述实践教学体系六大关键要素:目标重塑、场域创设、课程建设、师资培育、基地打造、评价机制。由此以实践教学为载体,将"思政元素"的"教"和"学"有机衔接起来,多环节、多形式、多层面、渐进式地将"田野+"实践理念渗透到实践教学的目标体系、运行体系和保障体系等三大系统内,强化旅游管理人才培养质量,真正实现旅游管理专业知识传授与德育培养的融通协同。最后从"田野+课程、田野+双创、田野+竞赛、田野+实习实训"四大实践教学场域对湖北大学知行学院近几年实践教学案例进行分享。研究技术路线见下图1-1。

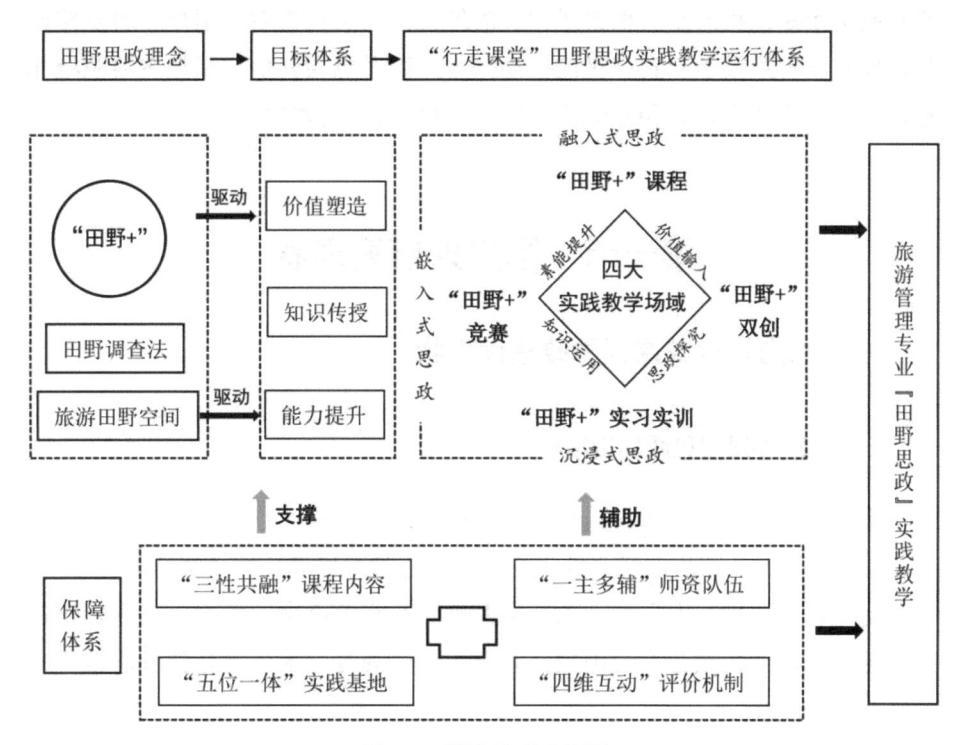

图1-1 研究技术路线图

一方面本研究扩充了课程思政理论研究内容。田野思政是课程思政的创新形式,能够将专业实践教学与思政教育进行有效结合,通过打造各类载体和平台,使学生能够得到更多的锻炼,将所学的专业知识应用于具体实践,同时也要在专业实践的过程中培养学生思想政治素养。以实践为突破口，以实践教学为重要载体，凸显其对旅游管理专业"课程思政"建设的功效。这种课程思政建设的方法，不仅是巩固理论知识和加深理论认识的有效途径，也是对传统理论课堂融入思政教育模式的一次大胆尝试。

另一方面本研究有助于促进实践教学体系优化改革。田野思政从本质上讲就是引导学生走出校园，到广阔的社会中进行实践。在旅游管理专业人才培养过程中大力实施田野思政，有利于推动专业教育实践创新，可以促使专业实践与思政教育的结合更加紧密，让学生在实践中提升思想政治素质，铸牢中华民族共同体意识，引导学生"从实践中来、到实践中去"。这不仅丰富了专业实践知识和内涵，积累了相关的经验，而且也将对应用型本科院校旅游管理专业实践教学起到积极的推动作用，同时也为其他应用型本科院校非旅游领域的学科教学体系的改革提供一个非常有意义的参考。

第一节　国内外研究现状

一、国内外旅游课程思政建设现状

（一）国外课程思政建设现状

课程思政这一词语本身具有中国特色，在国外并不存在"课程思政"说法，但会开设专业课程对学生的道德品质进行教育培养，即"德育教育"，主要表现在以"课程育人"的理念和实践来展开相关概念的教育。德育教育包括道德教育、公民教育、爱国主义教育和价值观等。国外德育教育建设研究主要有以下特点：

1.学科教学充分融合道德教育

美国实用主义教育理论家杜威提出，道德教育不应体现在具体的一门课程之中，所有课程均要存在德育的意义，如果不能确保这一点，"一切教育的最终目的在于形成品德"这句众所周知的俗语，就会成为伪善的借口。法国教育学者认为，单一的教学不能够很好地完成道德教育目的，只有在其他学科教学中充分融合德育内容，才能实现最大程度的德育教育。在英国，公民教育被立法机关纳入到学校的必修课当中。由此可见，国外虽然没有提到"思想政治教育"，但并不意味着西方没有进行这方面的研究。

2.注重实践活动的德育作用

西方国家在爱国教育上不限于学校、课堂，而是将其融入到社区、生活中的各个方面。杜威认为，可以将学校看成一个小型的社会，将教育看作是生活的一部分，并且学校进行道德教育的主要目的就是让学生更好地融入到社会生活中去，只有让学生参与到实际生活中去，才能更好地对其进行道德训练，而通过协作活动，可以确定道德的发展方向。

3.重视隐性教育与隐性课程

国外对于隐性教育和隐性课程的研究是十分繁杂的，而且对德育教育主要采取隐性的教学模式开展，并渗透在具体教学实践方面，这与我们国家现在倡导的思政教育要以"潜移默化""润物细无声"的方式融入学科课程的理念有着异曲同工之妙。史蒂芬研究发现，学科教材中的图片和文字可以无形地影响学生的思想和意识，增强学生的文化认同感。美国的道德教育在公民教育课程的基础上，不仅渗透到政治学、经济学等社会人文学科课程中，还渗透到理工科各门专业课程中。

（二）国内旅游课程思政建设现状

自课程思政的理念提出以来，探寻课程思政与各学科门类的融合发展就一直是学者关注的重要领域。以"旅游+思政"为主题进行知网检索，从知网年度发文量来看，旅游管理专业思政教育研究始于2013年，此后呈现逐年快速递增的趋势，特别是近四年发文量达到高潮（见图1-2）。截止到2024年2月，2019年发文95篇，2020年发文208篇，2021年则为428篇，2022年已达468篇，2023年发文460篇，2024年初已发文20篇。在国家关于课程思政宏观规划的指导下，旅游管理专业课程思政研究正如火如荼地进行。

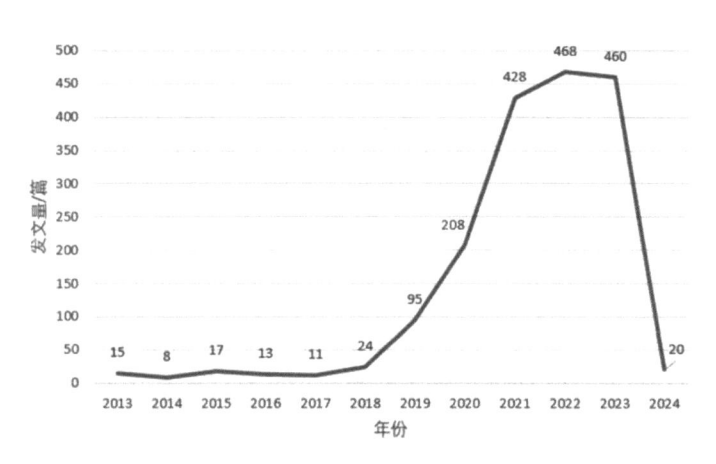

图 1-2 以"旅游思政"为关键词的发文年度趋势图

经过相关文献的搜集和查阅，目前有关旅游管理专业课程思政的研究，主要包括以下两个方面：

（1）微观层面。针对具体的某一门专业课，分析思政元素如何融入这门专业课程的教学实践与探索，这一方面的研究占大多数。以旅游管理专业一门课程为依托，深入地挖掘和延伸课程当中蕴藏的思政育人元素，再通过具体的课堂教学进行运用和研究，观察和评价课堂效果，继续完善课程思政。通过缜密教育实验得出的结论，可信度较高，可操作性较强，此类研究更注重研究结果的可行性与实用性。周新玲（2023）从社会主义核心价值观教育、健全的人格培养、中华优秀传统文化教育视角对"旅游消费者行为学"课程思政内容进行设计，并对教师思想政治素养和能力培养及课程思政效果评价提出实施方法。周丽敏等（2023）立足新时代课程思政理念，全面审视"旅游英语翻译"课程教学现状，创新课堂模拟与虚拟体验，使课程思政有机融入到旅游英语翻译课程中。孙晓媚等（2022）从"乡村振兴视阈下的乡村旅游"的角度，设计了一套新时代"中国旅游地理"课程思政教学模式。

（2）宏观层面。对旅游管理整个专业的课程思政建设进行研究与探索，对课程思政体系建构、存在的问题及具体实施路径进行分析，为后续的课程思政建设与研究提供一定的借鉴。黎志勇、杨玉娟（2023）从新文科建设角度，论述旅游管理专业联动思政育人机制的构建策略。吴佳、李绩才（2022）通过梳理旅游课程思政内涵，构建了高校旅游管理专业课程思政

"一核三翼四环节"的协同育人体系。李慧、余明明（2022）结合学校办学定位和人才培养目标，系统探究了地方应用型本科院校旅游专业实施课程思政课前、课中、课后全过程。

二、国外旅游高校实践教学现状

国外旅游教育发展较早且已比较成熟，欧美等国家的旅游教育注重学生能力的培养，对旅游实践教学格外重视。首先表现在发达国家政府扶持以及行业协会配合教育的力度大，其次表现在国家旅游高校的课程设置合理以及对教学资源的投入多。国外旅游院校在长期的发展中出现了一大批各具特色的旅游名校，他们的成功经验可以为我国应用型本科高校旅游管理专业实践教学的改革提供有益的借鉴和参考。

（一）瑞士

瑞士的酒店管理与旅游管理课程世界闻名，其"以店为校"的育人理念早已家喻户晓，谈起实践教学可谓是驾轻就熟。洛桑酒店管理学院（以下简称学院）作为全球知名、瑞士规模最大的酒店管理学院之一，其最大的教学特色是强调理论与实践相结合，教学方式是书本知识的教授与实际操作的指导相结合。如典型的洛桑模式，即教学过程紧密关注学生的实践应用能力和市场更新，真正做到教学的每一个环节都不脱轨，使教学体系完全适应学生特点和酒店需要，把洛桑模式的教育理念融入实际教学过程中去。学院在课程设置、师资选择、教材编写和学生管理上都十分重视这一原则。无论是学制两年至四年的学位学习，还是短期培训，学院都会严格按照一贯的原则精心安排课程和任课教师。洛桑酒店管理学院的教师均经过严格的选拔，绝大多数有在酒店长期工作的经历，有丰富的职业经验，不少人甚至担任过总经理等高级职务。

（二）美国

在美国，学校会尽可能多地引入实践教学的课程，大量开展现场教学活动，并鼓励学生利用课余时间通过兼职等方式投入社会实践，除了各种实习，课程设置上会引入大量的案例，充分利用多媒体，多视角、多层次地引发讨论，增加课堂趣味性，同时也注重提升学生分析问题与处理问题的应变能力，课程模块也从实际出发，尽可能地减少不必要的理论知识。如美国康奈尔酒店管理学院，作为美国大学中第一个专攻酒店管理专业的院系，在酒店管理业享有极高声誉和重要地位。学校非常强调丰富的工作经验，注重对学生实践能力的培养并提供行政与专业教育课程、高级管理课程、总经理培训课程等，满足不同学生对能力提高的要求。校内还设有实习饭店——Star Hotel以及实习会议中心——J. W. Marriott会议中心，这是本科生在校内的实践教学基地。学生可以跟随经验丰富的员工进行经验交流和技能学习，大大地提高了实践学习的效率和效果。学校也与世界各大知名酒店集团以及旅游业协会建立了合作伙伴关系。每年有250余位业界顶级高管莅临康奈尔，或是走上讲台和学生分享经验，或是与教研人员进行专题研讨。

（三）英国

英国旅游管理教育最初是以独立专业学科在教育体系中确立的，旅游市场的蓬勃发展促使旅游管理教育以服务于产业发展和市场实践为主。到了21世纪进入教育质量提升阶段，对旅游管理课程体系进行整合，扩大了实践教育的范畴。例如英国萨里大学，拥有世界顶尖的酒店与旅游管理学院（SHTM），是旅游、会展教学与研究的先驱，至今已经有60多年的历史，连年在英国《泰晤士报》的专业排名中高居榜首，其就业率也在英国高校中多次蝉联第一名。这与其完善的实践教学体系是分不开的。学校一方面聘请有丰富业界经验的教师任教，重视教学与实践的结合；另一方面其旅游与酒店管理学院有自己的名为"湖畔"（Lakeside）的教学餐馆，供学生进行实际操作培训。同时，学校能够提供专业培训实习项目，让学生有机会在数百家英国和海外的合作公司进行为期一年的专业实习。

（四）澳大利亚

澳大利亚约一半高校开设了旅游管理、酒店管理、休闲体育、节事会展等专业，这些高校在课程设置上紧密结合行业发展趋势。其旅游教育注重专业细化，对人才培养有所侧重，同样注重学生能力的培养，在课程设置上重视操作能力，课堂授课与实地考察以及实习课程紧密结合。另外，澳大利亚旅游教育得到了来自政府、企业的多方支持，为实践教学提供了良好的平台，也提供了更多的机会。例如澳大利亚蓝山酒店管理学院，是澳大利亚历史最悠久的全住宿制酒店管理学院，以其在专业领域的高质量教育与培训而享誉全球，是澳大利亚及亚太地区排名第一的国际酒店管理学校。它教学最大的特色就是全真模拟餐厅服务场景来进行教学。校内餐厅的前厅和后台都由学生经营。酒店管理专业的学生可以根据自己的兴趣选择实训点，与真实场景下的顾客打交道。

（五）韩国

韩国旅游学科及专业设置最明显的特征是紧密服务于旅游产业发展，如开设的博彩、航空旅游、旅游公关、旅游商品设计等专业，均是由市场需求引致的专业调整，逐渐形成复合型人才培养机制。此外，专业设置也呈现交叉趋势，如与管理学交叉的旅游管理会计、旅游商贸专业，与语言学交叉的旅游英语、旅游中文、旅游日语专业，与信息技术交叉的旅游信息管理专业，与生态学交叉的生态旅游专业，与医疗、美容交叉的医疗旅游专业等，形成了多元化的专业实践体系。如酒店观光学院是韩国庆熙大学的王牌学院，注重学生就业时必要的外语能力培养，以实务为主的实习教育开展教育课程。通过专业教育来联系就业，通过实际的产学合作来培养人才，邀请具备适应现代要求的专业知识和丰富的实务经验的教授实施现场亲和性教育。

三、国内旅游高校实践教学现状

国外著名高等旅游院校在长期发展和实践过程中，逐渐形成了各具特色的本科实践教学模式。为了整体分析国内高校旅游管理专业实践教学研究现状，通过中国知网进行检索发现，与国外相比，国内学者对旅游实践教学的研究起步较晚，但研究数量颇多，主要集中在实践教学课程设置、教学模式、师资队伍建设、教学评价、实践基地等方面。总体来说，相比国外著名旅游院校在长期的教育发展和办学过程中形成的各具特色的实践教学模式、教学方法和教学经验，我国的实践教学存在较多不足。在课程设置上，国外旅游本科实践教学"以终为始"，以就业和职业能力为教育出发点，将实践学习贯穿于整个教育过程。国内还基本沿用传统的基础课、专业基础课、专业课、专业实践课等分阶段的课程体系，教与学、理论与实践相脱节的现象比较普遍。在师资队伍上，国外的高等旅游教育十分重视教师的实践能力，如美国、英国和瑞士等国家的旅游院校在教师聘任上多要求教师具有实业或经济部门的任职经历，实践经验丰富。国内大多采用邀请职业经理人作为客座教授、创业导师等形式来弥补专任教师在行业经验方面的缺失。在实践基地上，国外著名旅游院校几乎无一例外地都设有校内实习基地，或是服务完全的饭店、实习餐厅等，以供老师和同学们在校内开展全真环境下的实践教学活动。国内开展旅游本科教学的院校设有校内实习基地的很少，大多是通过与企业签订实习基地协议的形式，来解决学生实习场所问题。但由于选择实习合作单位时带有盲目性，加上学校与用人单位作为不同的利益主体，对实施实习合作的目的存在差异，从而普遍导致实习学生成为企业劳动力的补充。

当然，国情、价值体系、教育发展背景和政策等因素决定了在不同的国家和地区高校旅游实践教学体系存在很大差异。我国旅游教育立足国情，吸取国外办学成功经验，以立德树人为根本任务，积极探索扎根中国与融通中外相结合的办学模式，以期解决我国目前高等旅游教育在实践教学中存在的问题。

第二节　相关概念界定

一、专业思政

目前国内许多学者从经验总结、实践探索、方法论证等方面，从专业视角对课程思政建设进行了大量研究，但关于专业思政的内涵尚未明晰，未有统一的界定。因为"专业思政"概念是在课程思政建设的框架下，按照立德树人的具体要求从课程延伸至更加广泛的教育空间和教育环节而提出的。楚国清、王勇（2022）从历史、现实、理论、实践方面阐述了"课程思政"到"专业思政"的四重逻辑，认为专业思政是从课程的视角转向专业的视角，在专业课程体系的框架下开展各门课程的课程思政建设，是一个实践探索先于理论的研究，并提出学科思政、专业思政、课程思政三者之间犹如"手掌、小臂和大臂"的关系，专业思政发挥了在课程思政和学科思政之间的承上启下的作用。黎玲（2022）提出从"课程思政"到"专业思政"是思政育人的横向拓展和纵向延伸，是教育回归初心的必然，具有深刻的价值意蕴。张建宏（2023）认为所谓专业思政，就是以专业为视域、以专业教育为载体、以思政为灵魂，开展符合专业特质的、贯穿教育教学全过程的思政教育，并且专业思政建设具有因专业施教的特点，突出了思政育人的针对性，避免了思政教育的融入过于唐突或者流于说教。

因此，梳理文献总结得出：在专业思政建设过程中，实践类课程育人是突显专业特色的板块，而不应该是被轻视的领域。专业思政建设场域应包含理论课堂、专业实验室、实习实训基地三个主阵地而非传统课堂，要重视专业实践活动。专业思政是从点的设计到面的顶层设计，不仅仅局限在单门课程；是课程思政的拓展和深化，应以专业为引领，将德育内容细化落实到各门专业课程的教学目标之中，渗透到专业人才培养的全过程，最终实现思政教育全覆盖。

二、田野思政

这里的"田野"是一个社会学名词，泛指人类生活和生产实践所形成的一切社会现场，包括但不限于乡村。田野思政的概念是由田野教学衍生出来的。田野教学始于1947年，由法国民族志学者安德烈·勒罗伊-古尔汉（André·Leroi-Gourhan）创设。1984年，享誉世界的巴黎高等师范学校社会科学系开设"田野实习"（stage de terrain）课程，两位课程负责人于1997年出版了《田野研究指南》一书。此后，田野课程在法国社会科学领域中的受重视程度迅速提升。国内田野教学的概念和方法最早开始于人类学的研究范畴，又称为"田野工作""田野调查"。有些学者将"田野研究"视为质性研究，认为"田野研究"是研究者以实践场域为基点，运用参与考察、实地访谈等途径，在自然式的教学研究情境中获得第一手资料的研究方法。"田野研究"不再是书斋中的理论思辨与演绎工作，而是面向鲜活具体的社会世界，进行知识的发现、提炼与归纳工作。"田野研究"不在于课程技能训练，而在于社会科学研究"实践感"的培养。因此，本研究认为在实践教学过程中树立"田野教学"理念，创设田野思政，对知识传授和技能培养具有双重作用。田野思政理念的中心思想是发挥旅游学科的田野性质，借助田野广阔空间，以"行走课堂"创设现实情境，将学生带入地方、区域、国家乃至全球等不同范畴的"田野"场景，充分发挥学生的主观能动性，引导其立足国情、扎根祖国大地，解决社会发展中面临的现实问题。

田野思政的核心是"田野"。田野空间蕴含爱党爱国、"两山"理论、乡村振兴、红色基因、文化自信等丰富的思政元素，这些思想既反映旅游管理专业知识的"真"，也渗透着思想道德、价值理念、精神追求的"善"和"美"。因此田野是旅游实践所及之地，思政教育实践发生在哪里，事实和问题就摆在哪里，哪里就是田野。田野思政在逻辑上是将学生置于鲜活的旅游田野空间中，将课程思政置身于城市、乡村等现实情境中，通过实践项目，将学生融入实践中去，确定实践任务，从中分析、研究，得出理论或决策建议，从而激发学生一窥知识本真的欲望、想象与求知动力，让学生在任务中应用知识，提升思政素养。这是强调生理体验与心理状态相伴随的道德体验，是将道德教育具体化、自身化与实践化的德育过程。

三、实践教学体系

实践教学，教学是上位概念，实践是下位概念。教学主体是教师和学生，根据教学主体的倾向，按照以教师为主的知识传授或是以学生为主的活动探究的标准，把教学划分为理论教学和实践教学。翟孝娜（2018）认为广义的实践教学存在于教学的全过程，指教师通过脱离书本教学，引导学生主动参与各种教学体验，在学生主动参与的过程中，凡是能提升学生感性认识、操作技能、综合素质和创新能力的教学都属于实践教学范畴。它可以依存于理论教学之中，又可以是独立存在的实践教学形式。国内学者普遍意识到实践教学体系在旅游管理专业人才培养中的重要地位，纷纷从不同角度进行实践教学体系研究。文献中关于实践教学体系的概念基本都是从广义和狭义两个层面去理解。易自力、卢向阳（2006）等认为，广义上来说，实践教学体系将实践教学活动作为一个系统来看待，活动的主体、客体、中介、条件和调控均属体系的范畴，认为实践教学体系是指将实践教学活动中具有一定联系和影响的要素组合成一个整体，是由不同教学要素整合而成的系统；从狭义的角度来看，实践教学体系主要考虑的是实践教学各个环节的优化组合。俞仲文、刘守义等（2004）认为，广义的实践教学体系是指实践教学活动中各个要素相互关联从而构成的有机的、具有稳定结构的整体，其中主要包括目标、内容、管理和条件等要素；狭义上的实践教学体系是指在实践教学中，通过课程和各实践环节的合理配置，形成的与理论教学体系相独立的教学内容体系。李雪（2017）认为目标、内容、管理、评价和保障是实践教学体系的主要构成要素。张娜芳（2020）提出实践教学体系是运用系统的方法，围绕专业人才培养目标，科学开发并合理安排的专业实训、实习等活动，由目标、内容、保障、评价等要素构成的有机整体。

综上所述，关于实践教学体系的界定大致可分为两类：一类是狭义的概念，是指实践教学内容，包括与课程体系相适应的一系列教学活动。第二类是广义的概念，即通过实践教学活动中众多要素进行组合从而构成的具有稳定结构的有机整体，主要包含实践教学活动的目标、内容、管理和条件等要素。本研究采用实践教学体系的广义概念。

四、田野思政与实践教学的关联性

《国家中长期人才发展规划纲要（2010—2020）》把人才界定为："具有一定的专业知识或专门技能，进行创造性劳动并对社会作出贡献的人，是人力资源中能力和素质较高的劳动者。"从该定义中可以看出，对于高校教育来讲，人才培养目标需要具备三个层次的素质和能力，即扎实的专业知识、创新创造能力、正确价值观。习近平总书记在2018年全国教育大会上指出，要立足中国，放眼世界办教育，要培养综合素质、创新思维和实践能力复合型人才。由此看出人才培养需要专业教育、创新创业教育（以下简称双创教育）、思政教育同向同行。应用型本科教学的核心任务是专业教育，主要包含理论教学和实践教学。实践教学作为旅游专业教育、双创教育的共同环节，是田野思政建设的重要手段，是田野思政实践创新的重要抓手和路径，田野思政建设离不开专业教育、思政教育和双创教育，实践教学也是成为"专思创"三者融合的重要载体。

从根本上来说，田野思政就是引导学生走出校园，到广阔的社会中进行实践。这与旅游实践教学的目标是同向同频的。田野思政对于促进专业实践与思政教育的有效结合，挖掘更多的思政元素具有重要价值。

田野思政是一种显性教育和隐性教育相结合的模式，也是专业教育和思政教育相融合的渠道。"田野+"即田野式教学，对应专业教育；"思政"对应思想教育。而实践教学是以培养学生动手操作能力、创新研究能力为主的教学手段，也是双创教育的一种手段。因此田野思政框架下，实践教学、专业教育、双创教育、思政教育形成了完整自洽"专思创"融合教育系统体系（见图1-3）。

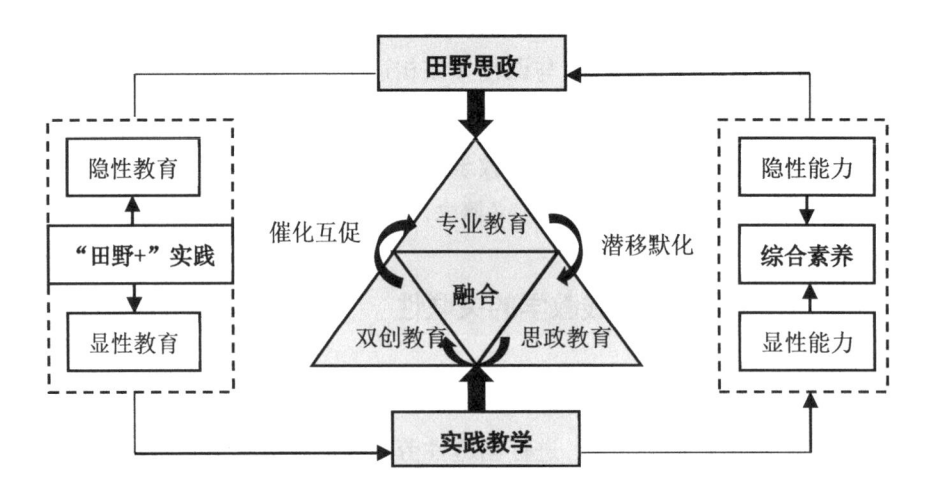

图1-3 田野思政理念下实践教学与"专思创"教育关联性示意图

（一）专创联动性融合

"十四五"时期，旅游消费结构和消费模式重塑，对旅游人才的技能提出了更多的要求。每年毕业季，旅游人才供需结构矛盾问题显而易见。当前旅游人才培养更多的是注重专业教育，给予学生在某一专业领域的知识或某一行业的职业技能，但大部分学生缺乏与社会经济发展相匹配的实践技能和创新能力。双创教育作为一种"应用性"和"生成性"的教育模式，其本质特性就是实践，解决的是"做什么、怎么做"的问题。双创教育可以有效解决专业教育"学科性"问题，对培养学生创新思维、创业精神等"学以致用"能力具有重要催化作用。通过开展实践教学，在田野空间内，在专业教育中融合双创教育，在实践中挖掘创新精神和创业意识，促进专业理论知识在实践中深化运用，提高学生发现问题和解决问题的能力；同时专业是创新创业的源泉和基础，成熟的创新思维模式和专业实践能力需要依赖个体具有一定的知识广度和深度。脱离专业，双创教育就变成了"无本之木"。因此实践教学是专业教育和双创教育联动性融合的有效黏合剂。

（二）思政渗透性融合

高校"育人"不仅仅是技术层面的"教"，更包括价值层面的"育"。在教育全过程中实现社会主义核心价值观的渗透与导入，可以引导学生正确认识自我、发现自我，提高适应和改造客观环境的能力。价值观教育是思政教育的重中之重。传统的思政教育大多是以"填鸭式""独角戏式""灌输式"理论教学为主，停留在说教层面，没有达到"行为养成"的目的。因此通过田野思政方式，将思政元素无形渗透到专业教育和双创教育中，用一种"潜移默化""润物无声"的方式"间接"地完成思政教育，可以真正做到"传道授业解惑"。旅游专业知识本身就蕴含了丰富的价值倾向和家国情怀等思想政治资源。如大美中国、文化自信、"两山"理论、乡村振兴、红色基因、爱国情怀、工匠精神等。2018年孙春兰副总理在厦门大学出席第四届中国"互联网+"大学生创新创业大赛闭幕式上，赞誉"青年红色筑梦之旅"大赛是有温度的国情思政大课，是解决中国大学生国情教育的关键一招、创新一招。由此可见，通过组织学生参加竞赛、科研、课题项目等实践活动，可以充分发挥思政教育价值引领作用，让学生在各种实践活动中走上中国大地，了解中国国情民情，感受中华传统文化，引领学生树立正确世界观、人生观、价值观，培养优秀的专业素养、科学求真的能力。

（三）专思创互补性融合

对旅游管理专业来说，不管是专业教育，还是双创教育和思政教育，三者教育侧重点不同，但并非相互对立，而是具有一定的共性，都强调实践的重要作用，又相互补充和延伸。专业教育作为高等教育的"骨架"，是所有高等教育存在的基础，目的是培养专业就业人才，强调的是教育的社会功能，有时过于追求功利性。而思政教育是高校教育的灵魂，强调的是教育的价值功能，是专业教育的升华，是双创教育的价值引领，可以解决专业教育中的"近视症"。双创教育兼具"以实践立德"与"树创新人才"的双重属性，是高等教育的"血肉"，是专业教育和思政教育的核心补充体系。任何理论必须经过社会实践才能得到验证，才能证明其价值。双创教育是专业教育和思政教育实践的平台，通过实践可以充分将思政教育的内容讲解得更具现实性和规范性，可以将专业教育的"专"在行业领域体现出来。由此可见三者在理论和实践上及时补位，通过实践教学可促进三者融合协同形成相对自治的培养体系。

五、实践教学体系构成要素

根据系统工程的原理，教学系统应该具有驱动、受动、调控和保障功能，才能使整个系统有序、有效地运转，从而实现系统的目标。从实践教学概念提炼，可以将实践教学体系划分为三个部分。①驱动层：实践教学目标体系，起导向作用；②受动层：实践教学运行体系，起实施保证作用；③保障层：实践教学条件体系与实践教学评价体系，起支持保证作用，并关系着实践教学体系的良性运行与提升（见图1-4）。

```
实践教学体系 ─┬─ 驱动层 ──→ 实践教学目标体系
              ├─ 受动层 ──→ 实践教学运行体系
              └─ 保障层 ──→ 实践教学条件体系
                         ──→ 实践教学评价体系
```

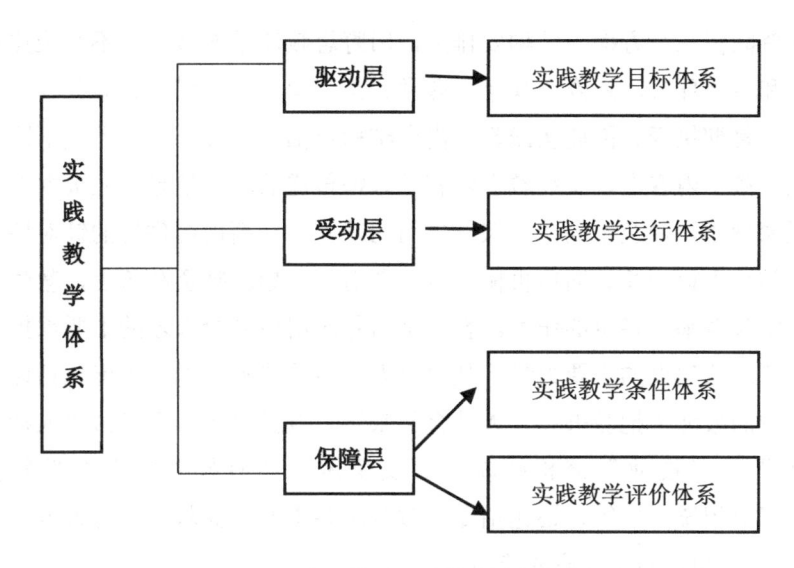

图1-4 实践教学体系构成要素示意图

（一）实践教学目标体系

实践教学目标规定着实践教学体系的方向，处于整个体系的核心位置。无论是实践教学的内容还是实践教学的条件、评价等都是围绕实践教学目标来设定和实施的。基于教学目的性视角，实践教学目标与专业思政育人目标保持一致。旅游管理专业必须考虑人才培养、科学创新、社会服务、价值塑造等众多目标。田野思政为实践教学提供德育核心素养指引，在专业思政的框架下避免在实践教学目标构建上出现盲目性和碎片化，以及"贴标签""两张皮"等现象。实践教学以实现知识体系与价值体系的统一、传授专业知识和育人功能的统一为终极目标。

（二）实践教学运行体系

作为实践教学体系的中心环节，实践教学内容关系着人才培养的质量。基于教学实效性视角，思政育人要贯穿人才培养目标、人才培养方案和课程结构体系所构成的专业三要素上，保证实践教学内容的连贯性和递进性。实践教学内容是实践教学目标达成的具体过程呈现，涉及结构安排、教学内容、师资队伍三个方面。结构安排上，田野思政注重实践性，不光聚焦在课堂教学和讲授环节，还要重视第二课堂、第三课堂，在科研、服务、管理等方面都要贯彻执行。因此实践教学内容结构包括校内校外、线上线下四元结合特点。教学内容上，实践教学内容是教师传递的教学信息。应根据专业课程的授课规律，顾及不同性质课程之间的差异，提高内容供给的针对性和多样性，防止千篇一律、简单机械的价值塑造与引导。师资队伍上，教师在实践教学中起着举足轻重的作用。教师是培养应用型复合人才的主要承担者，也是专业思政建设的主要力量。从对育人主体的要求上说，不但包括课程思政所要求的教师"把教书和育人结合起来"，既做"经师"又做"人师"，"传道"与"授业"交相辉映，以及争做"四有好老师""四个引路人""四个相统一"等，还包括专业教育所要求的专业教师在育人方面形成"1+1>2"的协同教学效应的能力。

（三）实践教学条件体系

实践教学条件体系主要讨论实践教学基地建设，是开展实践教学活动不可或缺的条件，是营造情境、承载教学活动的重要场所。有力的实践教学条件保障不仅起着支撑实践教学顺利开展的重要作用，还可促进实践教学的其他环节优化升级，从而进一步提升实践教学水平。

（四）实践教学评价体系

实践教学评价是对实践教学运行过程和最终成果的评估，有效的评估结果将为实践教学的持续优化改进提供参考依据，评估的主要方向是学生实践效果和实践教学运行管理情况。合理的实践教学评价可为实践教学体系优化提供参考，有利于形成新一轮的实践教学良性运行。那么，如何保证实践教学评价的有效性和合理性，对实践教学体系整体建设来说十分关键。

第三节 理论基础与研究启示

一、建构主义理论

建构主义是一种哲学观，它有特定的本体论、认识论、人论和方法论。建构主义理论诞生于20世纪80年代后期，在欧美国家开始流行后演变出许多分支流派。虽然建构主义的理论渊源非常复杂，理论流派众多，理论内容也非常丰富，但是对学习这一问题的观点是基本一致的，即建构主义主张教学要以学生为中心，教师要为学生的学习活动服务。知识是通过认知主体主动建构起来的，不是被动接受的。

由于研究者的划分标准不同，产生了建构主义的不同分支，但是从已有文献来看，国内外学者主要聚焦在认知建构主义、社会建构主义、混合建构主义三种取向上，后者是由前两者相互融合而来。认知建构主义、社会建构主义两者既有联系又有区别。具体内容见表1-1。

表 1-1 认知建构主义和社会建构主义教学主张的比较

类别	认知建构主义	社会建构主义
教学	促进学生个人知识获取	通过社会互动参与共同建构知识
教师角色	促进者、引导者	反思实践者、终结者、组织者
同伴作用	启发思维、提出问题	强化学习动机、界定知识意义
学生角色	积极的建构者	积极的建构者、参与者
学习表现	提问、推理解释、评价	提问、积极地参与集体活动、推理解释、出色的社会表现

（资料来源：Putney L A G. A vision of Vygotsky）

认知建构主义是由瑞士著名的心理学家皮亚杰所开创的。皮亚杰强调，认知是一种适应性活动，认为知识是由个体单独建构，认识活动是个体的经验，未必以语言为媒介。可以看出，其关注个体的知识建构甚于交互作用过程。认知建构主义的知识观暗示了学习内容不是课本中已存在的知识，学习也不是将知识"接收、放入、储存、提出"的简单过程，而是个体在现有经验的基础上，对知识形成新的解释和假设的过程。每一位学生都要从自身与外界交互的经历中学习，避免被动地等待知识的传授。总之，认知建构主义理论将知识等同于认知，在学习过程中强调"如何思考"比"思考什么"更重要。

起源于维果茨基的社会文化理论与认知建构主义强调个体的主动学习不同，认为不存在完全孤立的个人，个人与社会是相互关联的。建构是社会的建构，建构的过程是通过语言来完成的，认为语言占有重要地位，主张知识是通过个体间的协商而建构的，个体的学习活动需要借助与他者的交流，从而形成被广泛认可的知识；强调人的社会性，注重人与人之间的合作与交流；赞成学生与教师一起决定重要的学习活动，教师应该支持学生尽可能地参与有意义的实践活动。总之，社会建构主义强调学习的主动性、社会性和情境性、建构性和目的性。

那么田野思政理念下的实践教学更多地关注、兼顾的是社会建构主义的相关理论，即认为学习是在教师、学生与任务之间的一个动态的良性循环中进行的。教师选择相应的教学任务进行教学，学生对于任务进行消化和吸收，任务是教师和学生之间的纽带和平台，以此构成社会建构主义模型（见图1-5）。它不是一个孤立存在的过程，三个要素缺一不可。

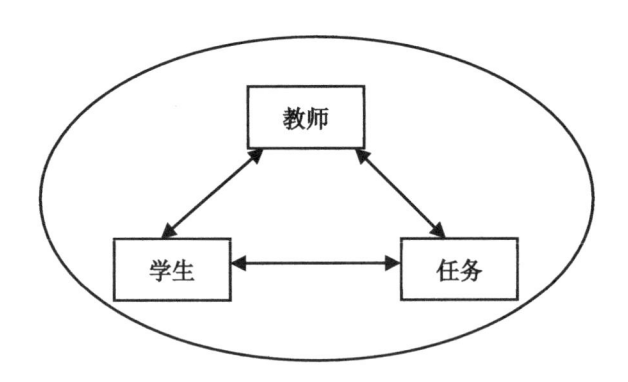

图 1-5 社会建构主义理论模型

（一）基本观点

1.社会建构主义知识观

知识具有社会性。该理论强调知识的社会属性，认为知识不仅存在于人的大脑中，还存在于社会群体中，是个人与社会之间通过互动、中介和转化等方式而建构成的一个完整的和发展的实体,而且知识并非随机生成的,需要集体成员之间互相激发思维,经过不断调整而被创造出来。在教学过程当中,知识通过教师与学生或学生与学生之间的交往活动被个体内化和再建构,在获得意义的基础上成为个人的主观知识。

2.社会建构主义学习观

学习的过程是学习者主动建构知识的过程。在这一过程中,首先,学习不是被动地接受以及储存知识,而是主动建构知识。其次,学习者进入所处的文化和社会情境进行互动,在特定的情境下,在互动的过程中,面临新现象、新问题和新信息时,通过不同个体之间的交流,互相启发,互相引导,互相补充,根据该情境所提供的线索,调动已有的知识经验,达成一致意见,促进知识的建构。

3.社会建构主义教学观

社会建构主义认为教学是师生之间的合作性建构。教师和学生是教学的两大主体。教学过程不是简单的知识传递过程,是教师和学生相互合作的知识建构过程,其角色定位将发生变化。教师不是知识的灌输者,而是学生建构知识的参与者、帮助者和促进者;教学不是教师单向讲解、学生被动地倾听。学生不仅是积极的知识建构者,还是社会交往的参与者。教学从"独白"走向"对话",从"个人学习"走向"合作学习",在教学情境中,根据自己的经验与他人(教师和其他学生)的互动建构起对世界的认识。

4.社会建构主义课程观

课程中的任务是教师和学生进行互动的纽带。它主张用产生于真实背景中的问题来启发学生的思维,并由此来支撑鼓励学生解决问题的学习、基于案例的学习、拓展性学习和基于项目的学习,并以此方式来参与课程的变革。根据"田野"情境设定合适的任务,可以体现教师对于专业知识的理解程度,也代表着教师的教学信念以及对于教学过程的感知,是教师向学生传达自己的观点以及态度的载体。同时学生对于教师设计的任务的反应程度也可以作为教师改善教学方法的依据。

（二）启示

基于社会建构主义理论，应用型本科旅游管理专业的实践教学应以学生主动建构知识经验为出发点，重视激活其先前知识经验，在情境化的环境中与教师、同学共同交流探究，实现对知识、技能、能力的意义建构。对于旅游实践教学体系而言，首先，从调研分析学生认知水平、能力层次及旅游业人才需求情况入手；其次，明确实践教学目标，通过教师和学习伙伴的帮助，引导学生自主学习不同层次的实践教学内容；再次，依托校企合作平台，建立实践教学场所，进行旅游企业与高校、指导教师与实习学生之间的有效协作和意义建构；最后，实践教学评价目标集中于学生自身知识、能力掌握的效果，重视对学习全过程的差异化评价。

二、情境学习理论

情境教学理论的诞生绝非偶然，最早可追溯到1990年情境认知与学习理论的兴起，是教育心理学领域的又一大突破。情境被认为是学习者个体认知活动过程中的一种条件或支撑，是学习者个体学习生态系统中的一种要素。它不再单纯关注环境中的人，而是将个体认知置于广阔的田野与社会的情境背景中，为人与环境的互动性赋予更为深刻的意义。

（一）基本观点

情境教学理论认为知识是一种基于情境的活动，是一种高度基于情境的实践活动。学习是在情境之中发生的，学习是"创造性实践活动中的一部分"，是对"变化实践的理解和参与"。学习总是与特定的情境有关系，提供与某一事件有关的整个情境、背景或环境能够激发学生的学习动机，让学生更多地参与实践去共同完成教学内容，让学生由旁观者真正转变为学习的参与者。通过深入各种现实生活工作中的典型工作任务或场景，让学生对理论概念有个更清晰的认识，有效地提高学生实践活动的效果。

情境教学中的情境是多元、多结构、多功能的。良好的情境分为自然情境和社会交往情境,自然情境是指引起探究的一切物理因素——现象的展示、文字材料的呈现、板书、试验、模型、音像、计算机网络等都属于此类。而社会交往情境主要是把田野空间当作一种"社会的浓缩",不仅可在课堂上创设模拟情境,还能在社会环境中接触真实情境。情境教学理论是马克思实践理论在教育范畴中的一大体现,也是思政教育实践化的重要理论基础和实施路径。

(二)启示

情境教学理论要求一线教师能够为学习者积极创设相应的情境,为学习者提供足以影响意义建构的支持,促使学习者能够在不断生成问题的具体情境中处理各种信息,提出解决方案并执行之。因此,在实践教学设计中应重视对学习情境的创设。在根据教学内容和实践任务,有针对性地创设实践情境时,应注意以下两个方面:

第一,突出实践场域的多元性、真实性。多元的实践情境有利于调动学生的高级思维即批判性思维、创造性思维,提高实践活动的水平,加深对意义的建构。真实的实践情境有助于学生建立起职业意识和归属感。因此在实践活动中,要注重创设真实情境,以情境启动任务,以任务引领实践开展。

基于田野思政的实践教学体系建设,需要构建四大"田野+"实践项目场域,以多元化的情境创设开展项目制学习,将学生带入实践场景,让学生成为情境的建构者和参与者,并引导学生从"个人学习"到"合作学习"。"田野+课程"是指以课程教学内容为依托开展的资源调查、线路策划、产品设计、导游词讲解、文明旅游志愿服务等实践活动。"田野+双创"是指大学生"双创"训练计划、大学生科技创新等项目。"田野+竞赛"是指依托行业现状和时事政治开展的各项科研竞赛和学科竞赛,例如"青年红色筑梦之旅""创青春""挑战杯""三下乡""会展创新创业竞赛""红色旅游创意策划大赛"等。"田野+实习实训"是指进入旅游相关行业参加实习工作以及社会实践活动等,如乡村民宿管家、红色讲解员等。四大实践项目场域贯穿四个年级全过程,互相延伸与补充,打造渐进式的田野思政实践教学内容体系。

第二,突出实践情境的生动性、丰富性。丰富、生动的情境更容易引起学生的注意和兴趣，激发学生实践活动的内在动力。在旅游管理专业实践活动教学情境创设中，情境要尽可能多样和多功能。既要创设自然情境可以使学生进入旅游田野空间中进行乡村旅游考察、红色基因感悟等活动，也要创设社会交往情境，让学生到社会环境中进行文明旅游志愿服务、生态旅游规划等活动，甚至还可以在室内进行沙盘演练等活动。

第二章 旅游管理专业人才需求与实践教学现状

第一节 旅游行业人才需求现状

一、调查情况说明

1.基本情况

为了更好地了解用人单位对旅游管理专业人才的需求状况和质量评价，深化实践人才培养模式改革，提高人才培养质量，笔者以旅游业相关企事业单位为调查对象，采取实地调查和网络调查相结合的方式开展调研。实地调研主要通过对湖北大学知行学院、武汉学院、武汉生物工程学院、湖北商贸学院、武汉东湖学院、汉口学院等应用型本科院校所在旅游院系的实习合作单位（星级酒店、旅游景区）进行实地走访、电话访谈等深度调研，了解用人单位对旅游管理专业学生的素质与技能要求。网络调查以选择问卷为主，辅以滚雪球等多次发放形式对毕业生就业单位、校友单位等进行调研，结合相关单位及政府部门发布的"旅游管理专业人才需求报告"，分析"十四五"时期旅游管理专业人才需求的变化情况。最终通过调研，了解进入"十四五"时期旅游管理专业学生适合的工作岗位，旅游管理人才需求单位对旅游管理人才的知识、能力、素养等的新要求。

2.问卷设计

在阅读大量文献的基础上，参考相关调查问卷并结合研究重点，本研究的调研问卷共设置12道题目，大多采用五点式李克特量表来设计矩阵题。首先对问卷的信效度进行分析，Cronbach's α 系数为0.789。一般来说，Cronbach's α 系数在0.7以上，则可以认为问卷的可靠性是较高的。因此，可以认为此调查问卷具有较好的可靠性。

二、调查结果分析

1.调研对象分布

调研主要是通过广泛利用校企合作拥有的企业资源、毕业生就业单位等校友资源进行线上发放问卷以及实地走访湖北省内的合作实习单位进行深入访谈。所以调研对象类型主要集中在酒店、旅行社、景区，以及旅游新媒体、会展、OTA等新业态公司，其他主要是指与旅游行业具有交叉性的行业，如餐饮、航空公司等（见图2-1）。从一定意义上来说，调查对象基本涵盖了目前旅游管理专业学生的就业领域，样本具有一定代表性。

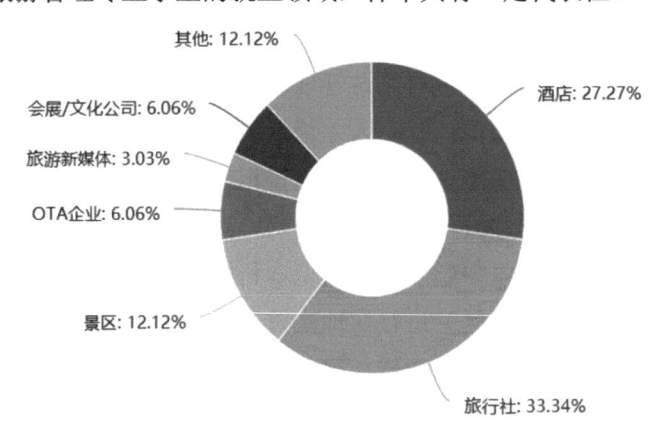

图 2-1 调研对象企业类型分布图

2.企业人才需求情况

从调查结果来看，大量需求旅游人才的用人单位高达60%，可见"十四五"时期，旅游行业仍存在较大的人才缺口（见图2-2）。文旅行业作为受新冠疫情冲击最大的行业之一，虽然部分企业用人需求骤减，但是人才是根本，是企业赖以生存的土壤。一些企业管理人员在接受我们访谈时表示，适应现代旅游业创新发展的人才相对短缺，服务现代旅游定制化、小众化、近程游、深度游的旅游企业急需的人才短缺。投递简历者多，但符合要求者少，人才供给和需求错位的问题相当严重。

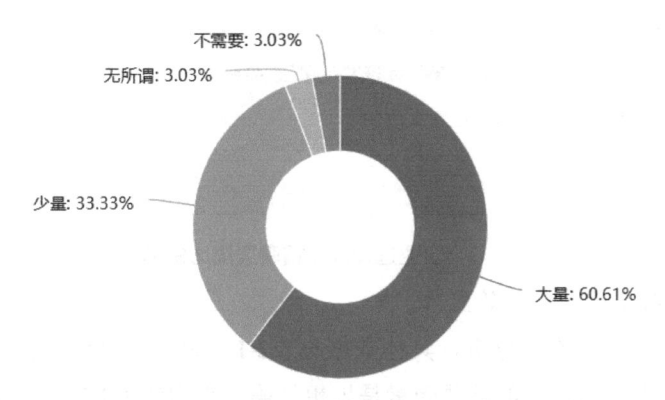

图中数据：不需要: 3.03%；无所谓: 3.03%；少量: 33.33%；大量: 60.61%

图 2-2　企业旅游人才需求情况图

3.人才招聘渠道

随着国内旅游经济复苏，大众旅游需求不断提升，旅游市场迎来重要发展机遇，旅游就业市场供需两端也快速回升。根据智联招聘发布的《2023年一季度人才市场热点快报》显示，3月份零售/批发、旅游/度假、交通/运输行业招聘职位数环比增速位居前三。"十四五"时期，旅游用人单位用工需求旺盛，各大涉旅企业也开始了"人才抢夺战"。人才招聘渠道和招聘方式也是多管齐下、花样百出，以此来解决企业"用人难"现状。因此本研究在设置问卷时，采用多选题方式开展。经调研发现旅游用人单位主要的招聘方式集中在网络招聘、内部推荐和校园招聘。选择网络招聘的用人单位所占比例为84.85%，选择内部推荐的用人单位所占比例为78.79%，选择校园招聘的用人单位所占比例为57.58%。直接招聘的方式仍然是旅游企业热衷的渠道（见图2-3）。由此可以看出，旅游用人单位在面临旅游行业人才"流出"和"难进"两方面的巨大压力情况下，其招聘方式更多元化。除了传统的招聘渠道，如人才市场、招聘网站等，企业会更多地使用社交媒体、直播等新型网络招聘方式，以及采用内部推荐奖励形式来吸引求职者。

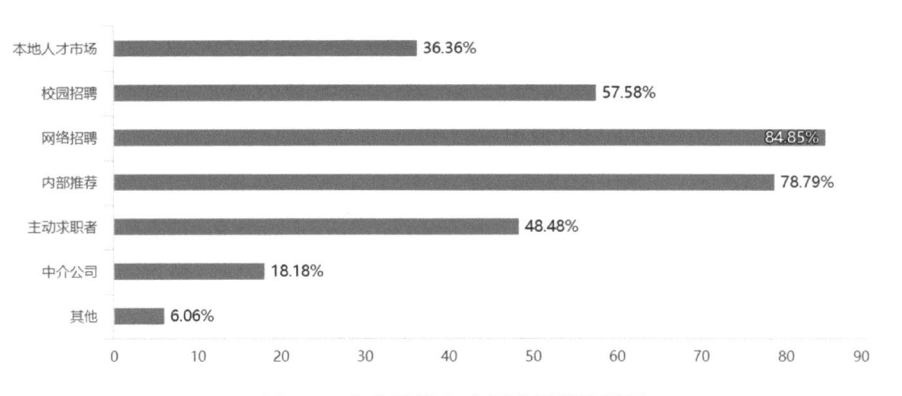

图 2-3　企业选择人才招聘渠道比例图

4.招聘时企业最看重的能力

对问卷进行平均值分析，具体数据见表2-1。调查结果显示旅游用人单位在招聘时对人才最看重的首要因素是思想品德，平均值为4.52，远远高于总计平均水平3.79。因此在旅游管理专业实践人才培养的过程中素质培养显得尤为重要，应该将思想政治教育融入到理论教学和实践教学中。其次是专业实践经历和形象气质（平均值分别为4.09、3.91）。旅游人才培养要注重构建多元实践平台，增加学生的实习实训经历，这样有利于提高学生的实践能力。

表 2-1　企业招聘人才看重因素重要度调查表

调查项目	平均值	重要性排序
学历及专业	3.73	4
学校品牌	3.52	6
学习成绩	3.45	7
获得荣誉	3.45	7
思想品德	4.52	1
形象气质	3.91	3
外语水平	3.64	5
专业实践经历	4.09	2
总计平均值	**3.79**	

5.员工能力的看重程度

通过对问卷进行均值分析（具体数据请见表2-2）发现，企业对员工的人际沟通能力、自主学习能力、适应能力、动手能力、专业知识能力和职业规划能力比较看重，均超过了总记平均水平。对于传统旅游企业来说，对人才的文字写作能力、计算机能力和外语能力看重程度较弱。相对服务行业来说，人际沟通能力的重要性不言而喻。

表 2-2　员工能力重要度调查表

调查项目	平均值	重要性排序
人际沟通能力	4.64	1
自主学习能力	4.64	1
适应能力	4.61	3
动手能力	4.36	4
专业知识能力	4.33	5
职业规划能力	4.33	5
文字写作能力	4.12	7
计算机能力	4	8
外语能力	3.82	9
总计平均值	**4.32**	

6.对职业资格证书的看法

通过调研发现，用人单位认为进入旅游行业持有专业的资格证书，其含金量还是挺高的，考取资格证书可以从某种程度上反映学生在校期间的学习能力和学习态度。具体数据见图2-4。

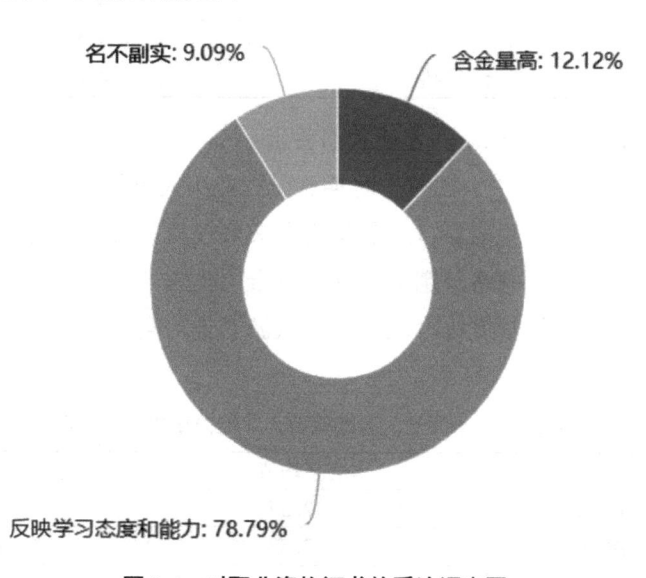

名不副实：9.09%
含金量高：12.12%
反映学习态度和能力：78.79%

图 2-4　对职业资格证书的看法调查图

7.员工职业素养看重程度

从调研结果看出,旅游用人单位对行业综合服务水平和实践能力看重程度远远高于对专业理论知识的要求(见表2-3)。企业看重实践能力高于专业知识的现象也印证了旅游业是一个实践性较强的行业,要求学生具有较强的实践操作技能。而其中对员工能力要求较高的是团队意识、责任心、吃苦耐劳精神、职业道德和服务意识。这也是从事服务行业最基本的素质要求,侧面印证了在旅游管理专业理论教学和实践教学中都要注重思政元素的挖掘和思政教育的渗透。因此,通过田野空间,以项目驱动法创设情境,强化知识社会建构,在实践操作中有意识地去培养学生的团队意识、责任心和吃苦耐劳精神,对解决人才供需不平衡问题具有重要作用。

表2-3 企业对员工职业素养看重程度调查表

调查项目	平均值	重要性排序
团队意识(与他人合作、帮助他人、听取意见)	4.76	1
责任心(无私服务、敢于担当、主人翁精神)	4.76	1
吃苦耐劳精神	4.67	3
服务意识	4.67	3
职业道德(忠于职守、服从调动、诚实守信、遵守制度)	4.67	3
心理素质(适应能力、应变能力)	4.64	6
专业知识(了解产品、熟悉技术、专业知识)	4.55	7
总计平均值	**4.67**	

8."十四五"时期旅游人才能力新要求

从调研结果看出,"十四五"时期旅游行业用人单位对于人才能力需求出现了多样化的特点(见表2-4)。企业认为未来较为重要的能力主要表现在理论运用、资源整合、网络营销上。这也符合因文旅产业的转型升级而带来的旅游市场人才要求的新变化,也与目前旅游企业对复合型、数字化人才的新需求相吻合。

表2-4 "十四五"时期旅游人才能力新要求调查表

调查项目	平均值	重要性排序
个性化服务	2.37	6
网络营销	2.58	3
理论运用	2.73	1

第二章　旅游管理专业人才需求与实践教学现状

（续表）

调查项目	平均值	重要性排序
活动策划	2.54	5
多语言沟通	2.55	4
资源整合	2.67	2

其中对个性化服务这一维度要求的调研可以看出，传统旅游企业（酒店、旅行社、景区）对个性化服务能力尤为看重。但是对于旅游新媒体行业、会展文化行业来说，其重要度大大降低，他们最重视的是网络营销能力。这也体现了旅游行业对人才需求的多样性。具体数据见表2-5。

表2-5　企业对个性化服务能力调查表

	非常重要	比较重要	一般	不重要	非常不重要
酒店	55.56%	33.33%	0.00%	0.00%	11.11%
旅行社	36.36%	36.36%	9.09%	0.00%	18.19%
景区	50.00%	0.00%	50.00%	0.00%	0.00%
OTA企业	50.00%	0.00%	0.00%	0.00%	50.00%
旅游新媒体	0.00%	100.00%	0.00%	0.00%	0.00%
会展/文化公司	0.00%	0.00%	100.00%	0.00%	0.00%
其他	50.00%	0.00%	0.00%	0.00%	50.00%

9."十四五"时期旅游人才知识新要求

通过对问卷进行均值分析，结果显示对旅游人才知识的新要求，不管是创新创业、营销策划等综合性知识还是语言表达、新媒体运用等方面的知识，对人才培养显得特别重要。而对旅游行业、经济管理等单一维度，缺乏实践元素知识的重要性则稍显薄弱（具体数据见表2-6）。

表2-6　"十四五"时期旅游人才知识新要求调查表

调查项目	平均值
旅游发展现状、趋势	2.26
国内外人文地理知识	2.25
旅游电子商务类知识	2.33
旅游策划类知识	2.33
多语言沟通	2.36
经济管理类知识	2.28
创新创业相关领域知识	2.37
总计平均值	**2.31**

三、调研结论分析

1.新业态人才需求旺盛，呈现复合型特点

通过文献查阅与企业调研发现，科技赋能和产业交叉是当前文旅产业发展的两个特征。但遗憾的是，文旅行业转型所涉及的关键技术、关键创新、关键决策却少有旅游类专业学生的参与。文旅行业为适应各种消费需要，不断转型升级，新的职业随着业态的变迁不断涌现，乡村游、民宿、露营等新行业的人才紧缺仍是当前旅游就业市场亟待解决的问题。同时，消费者需求也倒逼旅游从业者在职业素养、专业水平等方面的提升。例如旅游景区数字化发展中急需具备线上企划与营销能力、会资源整合的人才，旅行社需要OTA操作运营方面的技能人才与管理人才。科技革命导致旅游业更需要具备技术能力或者信息搜集处理能力的新型复合人才。

2.专业技能与心理、身体、道德素质并重

根据对旅游相关企业和行业专家代表调研得出，对于旅游管理专业的学生，专业技能、社会实践经历固然重要，但学生团队协作能力、人际交往能力、心理抗压能力等也不容忽视。从需求的角度看，旅游业的发展需要大批高素质的旅游人才，其中法律素质、道德素质是首要素质。从行业特性来看，对于旅游人才的培养，不仅要突出对知识和能力的重视，而且要通过加强服务意识、抗压能力等方面的教育，增加思政教育、体育锻炼等课程，来强化旅游业人才应具备的政治思想、职业道德、服务意识等方面的素质。

3.对于旅游人才的知识教育趋于主题化

对旅游人才应具备的知识进行分类培养，成为重要趋势。旅游教育中包含综合型知识、功能型知识和市场导向型知识等三个方面。从调研结果也可以看出，"十四五"时期，旅游管理专业人才应该具备的知识不仅包括对旅游产业某一领域的专业知识，诸如信息技术、市场营销、策划等方面，还应该掌握旅游业宏观层面所需的跨学科知识。知识是能力和素质的载体，没有丰富的知识，较难具备强能力和高素质；反过来，较高的能力和素质又有助于知识的生成和获取。

4.企业见习和社会实践能力依然最为重要

"十四五"期间对人才培养提出的能力中,理论运用能力排名第一,而且用人单位在招聘时最看重的因素并不是学历、学校品牌,而是专业实践能力。因此在培养旅游管理专业人才过程中,应进一步加强与企业之间的沟通和资源对接,构建多元化、校内和校外相结合的旅游实训实践平台,注重强化学生知识运用能力和专业实践能力。

第二节　旅游管理专业实践教学的现状

一、调查情况说明

为充分了解应用型本科院校旅游管理专业实践教学现状,本书依托"湖北省18所应用型本科转型试点院校"平台,主要对湖北大学知行学院、武汉学院、武汉生物工程学院、湖北商贸学院、武汉东湖学院、汉口学院等6所本科院校进行问卷调查,调查对象主要是2019—2022级旅游管理专业在校生。

本书通过阅读大量文献,结合旅游管理专业特点,将实践教学内容、实践教学师资、实践基地和教学评价体系等作为主要调查维度,最终设计成调查问卷,通过联系以上6所应用型本科院校教师或学生,将电子问卷的二维码发送到学生群,进行线上不记名填写。

二、调查结果分析

1.基本信息分析

被试群体中男生占样本总数的22.48%,女生占样本总数的77.52%,基本符合该专业男女比例分布。在年级分布方面,被试群体涉及一至四年级全部学业段,具体数据见图2-5。样本数量分布较合理,具有一定代表性。

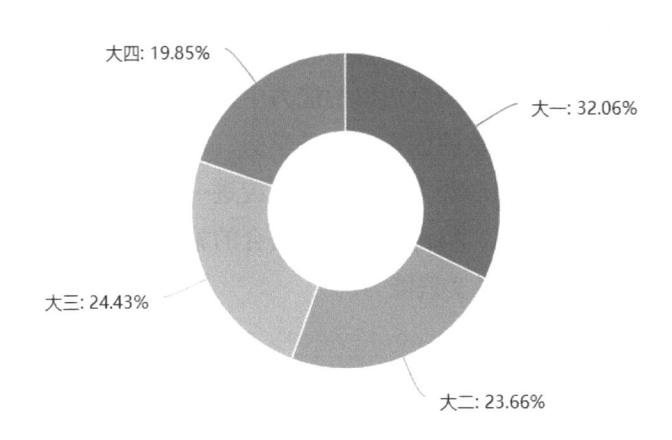

图 2-5 调查对象年级分布图

2.实践内容和形式分析

旅游管理专业作为以理论和实践相结合的应用性学科，各院校对学生的实践活动尤为重视，实践内容与旅游行业联系紧密。利用学校和社会两种教育资源，安排课程和社会实践，以培养高素质的服务和管理人才为主，注重提升学生的整体素质和能力。因为根据不同专业方向、不同教学内容、不同教学环节，旅游实践内容和形式具有一定的多元性，因此旅游管理专业学生参与的方式也是多样性的。本研究按照调研场所将实践形式划分为校内实践和校外实践两种，采用多选题方式展开。调研发现，在校期间大多数学生参与的以专业理论知识为基础，以锻炼学生基本专业能力为目的的校内实践，其实践内容主要包括以理论课堂和行业就业实践操作为导向的导游讲解、餐饮服务演练、策划方案设计等。该实践形式主要是教师通过自己的实践经验或者是教学经验对学生进行引导。校外实践根据组织主体不同，分为学校组织型和个人组织型，形式主要表现在企业参观、酒店实习、社会调研、校外兼职等。具体数据结果见表2-7。

表 2-7 学生校内实践和校外实践活动形式调查表

实践形式	实践内容	比例
校内实践形式	导游讲解	41.14%
	餐饮服务演练	39.84%
	客房操作演练	3.88%
	策划方案设计	37.21%

(续表)

实践形式	实践内容	比例
校内实践形式	口才训练	22.48%
	形体礼仪训练	11.63%
	学科竞赛	17.05%
	项目申报	10.85%
	其他	6.98%
校外实践形式	企业参观	23.85%
	酒店实习	29.23%
	旅行社实习	10.54%
	景区实习	2.31%
	社会调研	24.62%
	校外兼职	35.38%
	志愿服务	26.15%
	其他	11.77%

3.实践教学态度调查

关于对学校是否有必要开展实践教学活动和是否应该进行实践教学改革的调研发现，84.73%的学生一致认为在理论教学之外，很有必要开展实践教学活动，这样有利于提高专业技能（具体数据结果见2-6）。因此针对这一观点，绝大部分学生认为对实践教学进行改革是非常有必要的，而且是迫在眉睫的。

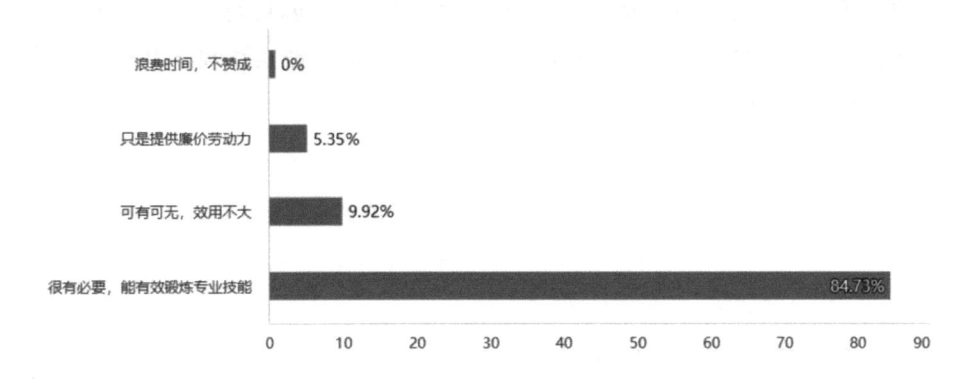

选项	比例
浪费时间，不赞成	0%
只是提供廉价劳动力	5.35%
可有可无，效用不大	9.92%
很有必要，能有效锻炼专业技能	84.73%

图 2-6　实践教学态度调查

关于对实践教学活动产生的收获的调研表明，大多数学生认为实践教学活动有利于增加社会阅历，提高操作技能和交际能力，这也是旅游管理作为一门实践性、应用性专业的体现。而磨炼意志品格、提升管理能力和了解产业发展实际方面在实践教学活动中的收获调查中占比不高。说明在实践教学环节设计中，对于思政教育内容的有效嵌入较为缺乏，需要强化思政教育和创新创业教育。具体数据见图2-7。

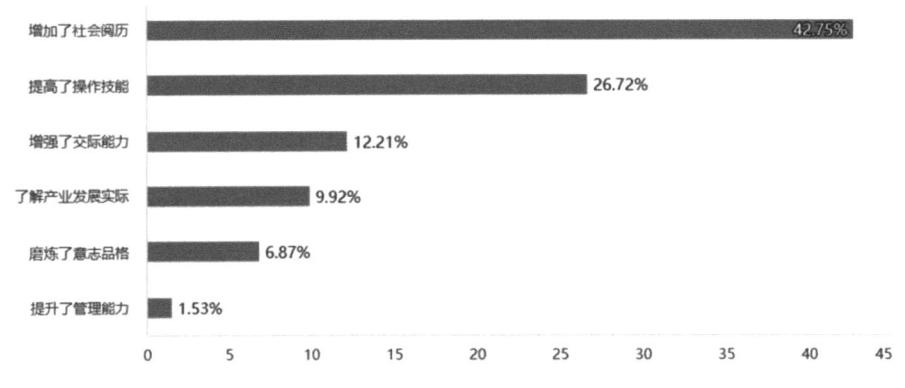

```
增加了社会阅历    42.75%
提高了操作技能    26.72%
增强了交际能力    12.21%
了解产业发展实际   9.92%
磨炼了意志品格    6.87%
提升了管理能力    1.53%
```

图 2-7　实践教学活动中最大收获调查图

为了能更好地发现现阶段应用型本科院校旅游管理专业实践教学的弊端，本研究采用多选题方式调研学生在实践教学中暴露的不足之处，为实践教学改革提供明确的方向。在能力劣势调研中发现，创新思维、操作技能、外语交流等占比较高。一是说明目前应用型本科高校应该强化实践教学强度，适当增加实践教学学时，合理安排实践教学活动的开展。二是在开展实践教学活动时，对行业现状、广博视野、职业精神、创新创业、文化素养等双创教育、思政要素的挖掘深度和广度不够，因此，在实践教学中开展田野思政是很有必要的。具体数据见图2-8。

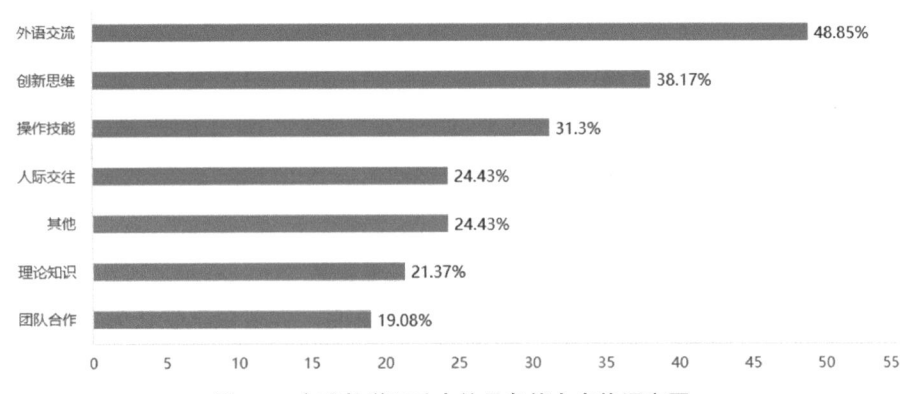

```
外语交流    48.85%
创新思维    38.17%
操作技能    31.3%
人际交往    24.43%
其他       24.43%
理论知识    21.37%
团队合作    19.08%
```

图 2-8　实践教学活动中的具备能力劣势调查图

4.实践教学体系满意度调查

实践教学满意度调查主要从实训条件、师资队伍、评价体系等三个方面展开。

一是对实训条件满意度调研（具体数据见表2-8）。校内实训室是学校开展课内实践教学的基础条件。大多数的学生认为学校设施数量一般，甚至对数量、设备等具体情况并不清楚，反映出部分院校对实训课及实验室的重视程度并不高。由于实践相关配套设施的缺乏，造成部分实训项目难以开展。

表 2-8 学生对实训条件的满意度调查表

实践教学设施	百分比	硬件设施满意度	百分比
数量充足	14.62%	较满意	16.92%
数量一般	33.85%	满意	31.54%
数量短缺	18.45%	一般	46.92%
具体不清楚	33.08%	不满意	4.62%

二是对师资队伍满意度调研（具体数据见表2-9）。发现教师使用互联网教学的频率还需加强，旅游的发展依赖于"互联网+"技术的有效渗透，一方面利用互联网信息的时效性，可以让学生及时获取相关信息，培养学生借助互联网学习的习惯；另一方面互联网可以增强实践教学内容的丰富性和趣味性。对大部分高校学生来说，师资队伍存在结构单一、构成不合理的情况。46.15%的学生反映在开展实践教学过程中，只有校内老师为指导老师，普遍缺乏校外指导老师。这也与前面出现"只有不到10%的学生认为实践活动可以了解产业发展实际"相符。因为校外指导老师大多为行业教授和职业经理人、创业导师等，他们处于行业发展的前端和第一线，对行业发展的现状、热点、焦点把握精准。邀请校外企事业单位的人员开展实践教学，是学生了解就业实际的有效途径，有利于学生更能贴近行业发展现实。因此校外师资队伍的建设不容忽视。

表 2-9 学生对师资队伍的满意度调查表

师资队伍结构	百分比	互联网技术使用频率	百分比
结构良好，校内外教师均有	42.31%	经常性	52.31%
结构一般，只有校内教师	46.15%	一般性	44.62%
结构较差，教师数量短缺	11.54%	较少	3.07%

三是对评价体系满意度调研（具体数据见图2-9和图2-10）。77.1%的学生认为目前实践课程考核形式只能部分反映自身的实践水平，在实践过程中，大部分学生缺少独立参与实践的机会。因此对实践教学评价体系进行完善是很有必要的。关于评价组合方式上，指导老师点评、学生自评、学生互评等方式比例均超过了50%，企业点评也达到了42.75%，说明学生认为实践教学课程评价在形式上应多元化，而且应该多角色、多维度地对实践能力进行评估，这样更能真实地反映实践教学效果。

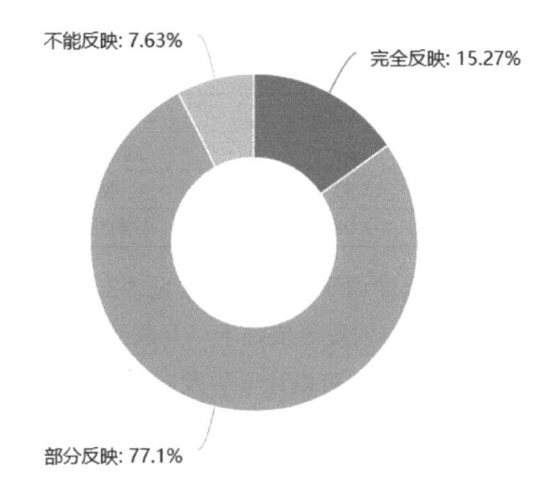

图 2-9　实践教学活动评价方式能否真实反映实践水平调查图

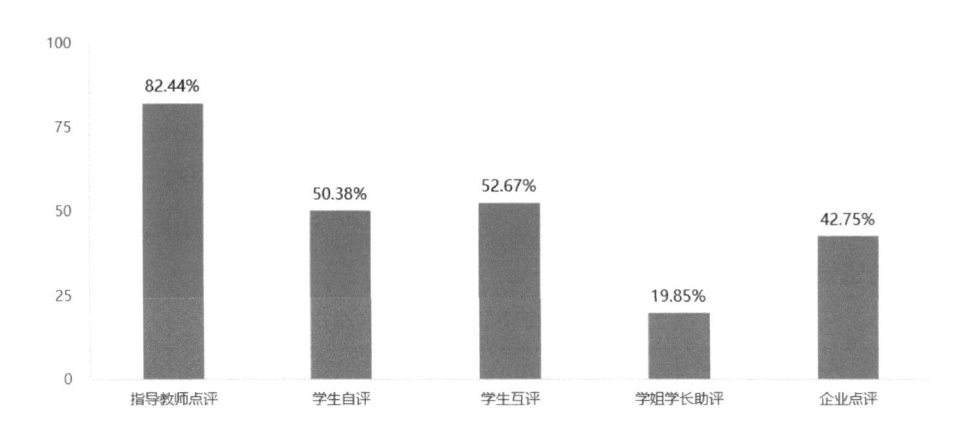

图 2-10　实践教学活动评价组合方式调查图

第三节　旅游人才需求与实践教学供给错位分析

一、人才需求多样性与教学目标模糊性的矛盾

随着文旅融合的推进以及"互联网+"的发展，研学旅游、智慧旅游等新业态不断出现，旅游行业紧缺营销、策划、电子商务、外语导游等多种类型的人才。从国家整体需求层面出发，旅游院校目前应加紧培养自驾车旅游、乡村旅游、文化创意旅游、工业旅游、养生旅游、森林旅游、体育旅游、冰雪旅游、研学旅游、商务会展旅游等各门类人才。

人才的多类型培养与专业的实践课程设置密切相关。目前大多数应用型高校旅游管理专业现有的课程体系由通识课程平台、专业教育平台、实践教育平台三大平台组成。其中专业教育平台包括基础课程、专业核心课程、专业方向课程；实践教育平台包括集中实践教学环节和课外创新实践活动。但从实践角度来看，三大平台课程设置主要以理论传授为主导，课程实践课时远远不足，培养目标定位模糊。实践课程与理论课程课时比例悬殊，难以培养出适应产业需要的各个领域、各种类型的人才。

二、行业复合能力所需与高校共性能力培养的矛盾

"复合"即不同元素的交叉融合，人才的复合性主要是强调人才的知识结构和能力结构的多元化。复合型旅游人才一方面要适应文旅融合发展的趋势，能够灵活储备、运用旅游专业的知识和技能，实现多学科的融会贯通，可灵活自如地胜任旅游新业态相关工作。另一方面，复合型旅游人才不仅仅是技能型人才，更应该是"有理想、有情怀、有担当、脚踏实地"的青年大学生。

但是大多数旅游院校秉持的厚基础、宽口径的教学思想，趋同化的人才培养模式与旅游产业"以专取胜，以博见长"的人才需求相差甚远。笼统性的知识原理、"填鸭式"的思政教育无法对接产业领域所需的"高、尖、新、

有为"等不同类型的专项人才。因此旅游管理专业实践教学必须谨慎衡量"思想教育""专业细分"和"宽口径培养"之间的关系，既要注重培养专项旅游人才满足行业需要，也要强化旅游行业通用的应用能力，提高毕业生在行业内的就业竞争力。同时加强精神品格教育，引领青年大学生在实践中练就过硬本领、厚植家国情怀、彰显担当精神，引导青年人才积极投身科技强国、乡村振兴的火热实践中，用青春的智慧和力量助力中国式现代化发展。

三、实践能力培养浅层化与产业现实发展的矛盾

与理论教学相比，实践教学的开展需要投入较大的人力、物力、财力，操作难度大。现有的实践能力培养方式主要是依托传统课堂，受灌输式教学方式的影响，学生大多处于被动的教育状态，缺乏主动研究问题的意识，创新性实践的积极性表现也不高，学生实践能力仍然停留在浅层的认识阶段。再加上现有的课外实践项目，如"互联网+"、创新创业训练计划、挑战杯、学科竞赛、"三下乡"等参与机会受限，难以大规模地组织学生参与，无法形成系统化的实践系统，大部分学生表示在实践教学活动中缺乏独立参与实践的机会。这也反映了实践教学条件不足的现实难题。

所以目前旅游管理专业教育对专业人才实践能力培养的深度明显不够，没有用好"田野"这一活素材，应该充分把握利用中国大地这一"田野"空间，把实践教育场域扩展到乡村、城市、社区、产业、企业等空间去，既能丰富实践教学内容，又能扩大实践教学场地，真正让每个学生都有机会进入到真实的田野环境中，去发现问题，分析问题，解决问题，而非一直在教室里"指点江山"。

第三章 旅游管理专业实践教学体系构建

第一节 实践教学改革的驱动要素

2016年5月，习近平总书记在哲学社会科学工作座谈会上的讲话中指出："我国哲学社会科学应该以我们正在做的事情为中心，从我国改革发展的实践中挖掘新材料、发现新问题、提出新观点、构建新理论。"可见实践是理论创新的源泉，是发现新问题的起点。在新时代，充分发挥旅游业在经济新常态创新战略中的重要作用，大国工匠、高技能人才的培养是实现这一目标的重要着力点。因此，基于田野思政理念，培养复合型实践技能人才是旅游人才培养的必然趋势。这受到诸多因素的推动作用，包括外部宏观环境和内部推动因素。外部宏观环境包括经济层面的发展背景和产业层面上的要素创新。内部推动要素包括旅游产业发展过程中对实践人才的需求变化和要求。本研究以人才培养定位、人才价值诉求和人才培养理念等为出发点，总结了在"田野思政"理念框架下，旅游管理专业构建新范式实践教学体系的驱动要素（见图3-1）。

一、外部要素

（一）中国式现代化

党的二十大报告指出，中国式现代化是人口规模巨大的现代化，是全体人民共同富裕的现代化，是物质文明和精神文明相协调的现代化，是人与自然

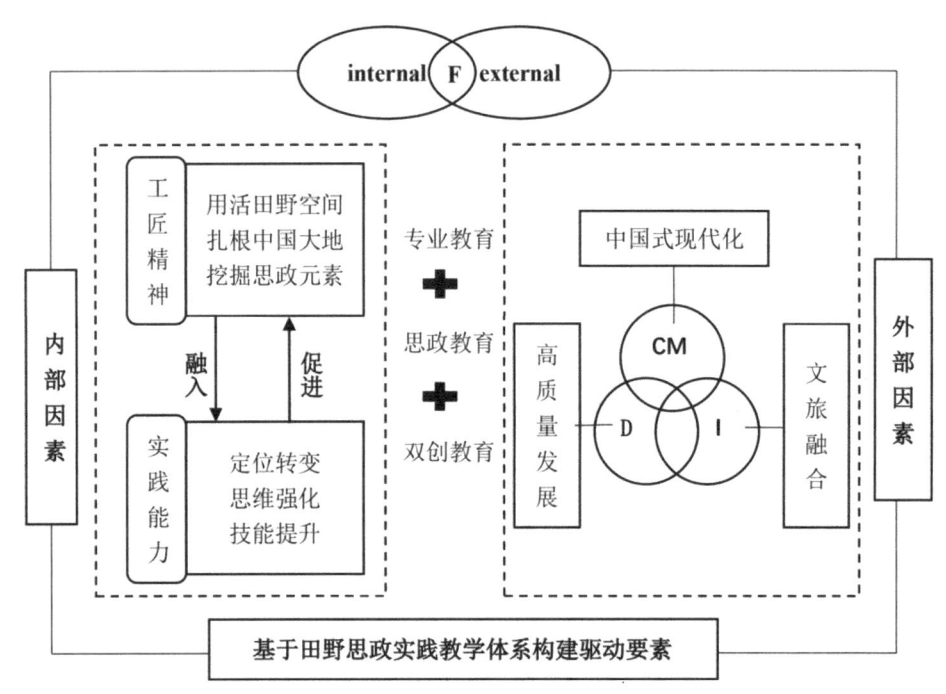

图 3-1　基于田野思政实践教学体系构建驱动要素

和谐共生的现代化,是走和平发展道路的现代化。"仓廪实而知礼节,衣食足而知荣辱。"旅游作为载体,要承担起精神文明和物质文明相协调的作用。中国式现代化的上述特征也是新时代我国旅游发展的基础背景和核心追求,文化和旅游业成为其重要的催化剂和有效路径。旅游业既具有经济功能,可夯实人民幸福生活的物质条件,也可以通过文化、认知和审美功能,给予人们精神滋养和价值引领。在此背景下,旅游人才的培养突出强调人才与市场、产业和技术的无缝对接,一方面要具备较高的知识文化素养,另一方面还应该具备大国工匠精神和实践能力,从而促进旅游业有效推动国民经济转型升级。因此旅游管理专业实践教学体系构建不仅要为旅游产业的发展提供保障,也要为旅游产业适应并引领群众精神消费创造智力支持。

(二)高质量内涵式发展

全面推动经济的高质量发展是我国新时代的国家战略。旅游业是我国的战略性支柱产业,它承担着文旅融合发展、文化交流传播、经济转型升级、民众生活质量提升等重要战略任务。旅游业的高质量发展是支撑我国经济高质量发展的重要维度。进入新时代，AI、元宇宙、VR、ChatGPT等科学技术快速发展，并被广泛运用，旅游业正在朝着数字化、网络化、智能化发展方向前进，高质量的文化和旅游产品，越来越成为人们高品质生活的必需品。高质量文旅产品，本质上不再仅仅是实实在在的商品或高品质服务，还是一种感觉，一种情绪上、体力上、智力上甚至精神上的高品质体验。首先是消费层面，让旅游者舒服，得到高质量的沉浸感受甚至怡情养性；再就是经济层面，在观光之外，由高质量的休闲度假所拉动的高质量、多层次、全方位的体验性消费业态。旅游管理专业实践人才的培养将更好地服务于智能化、品质化、个性化的旅游产业经济，同时科技赋能平台也为旅游管理专业实践人才的培养奠定了良好的空间条件和平台基础。

（三）文旅产业融合发展

自2018年3月文化和旅游部成立以来，文旅融合一直是行业关注的热点。党的二十大报告指出："坚持以文塑旅、以旅彰文，推进文化和旅游深度融合发展。"当前，我国旅游业处在转型期，正进入提升质量的爬坡阶段。提升旅游业品质，根本上说是用高品质的文化来塑造高品质的旅游，高品质的旅游彰显高品质的文化。可以说，文旅融合，既是文化也是旅游发展的必由之路。多产业融合转型发展衍生出各种文化创意业态组合，旅游经济也从追求速度向追求质量转变，这一过程也产生了大量的旅游高端创新人才的需求。因此旅游实践人才的培养应以市场为导向，以满足旅游新业态、新岗位人才需求为突破口，培养学生的复合型、应用型创新创业素质和能力。

二、内部要素

（一）培育大国工匠精神

培养与传承工匠精神是新时代发展赋予高等院校的使命，本科院校肩负着为新时代经济社会发展培养和输送大国工匠的重任。突出高校学生工匠精神的培养、将鲜明的教育导向渗透到教育全过程中、促进思政教育全面发展、建设大思政教育格局现已成为高校办学发展的必然趋势。因此,基于田野思政构建实践教学体系其中一个内驱力就是人才培养需要培育大国工匠精神。

工匠精神蕴含创新创业精神、科学研究精神、爱岗敬业精神等核心要素。路径包括用活田野空间、扎根中国大地、挖掘思政元素等三个方面。习近平总书记曾说:"最鲜活的思政课,不是干巴巴的书本,而是亿万中国人写在祖国大地上的青春华章。"旅游业本身具有"讲好中国故事、增强文化自信、展现中国形象"的作用,旅游学科也与田野有先天的、直接的联系。"两山"理论、乡村振兴、红色基因、文化自信等思政元素鲜活地存在于旅游产业发展中,融合在旅游发展内涵里,而且旅游学科也是一个应用性、实践性很强的专业,专业思政的育人功能应更多体现在隐性维度。用好、用活农业农村、遗址遗迹、博物馆、美术馆、山川河流等田野空间,走进田野、贴近社会,开展沉浸式思政教育,让学生了解中国国情、党情、社情、乡情,将论文写在中国大地上,将科学研究做在中国大地上,以此培育创新创业精神、科学研究精神。同时开展校企产教融合,通过精心设计的企业实习实训项目渗透工匠精神、敬业态度与企业文化,培养既能做学术又具备强大社会服务能力、厚植家国情怀的复合型高水平旅游人才。

(二)培养实践技能人才

国家发展靠人才,民族振兴靠人才。为深入实施新时代人才强国战略,各个高校都大力推进实践育人改革,着力通过把牢育人方向、贯穿育人链条、凝聚育人合力等措施,全员全过程全方位推进实践育人,引导学生在实践中受教育、作贡献、长才干。而实践教学重点就在"实践"两个字上。

因此构建实践教学体系的第二大内驱力当然是培养实践技能人才,包括定位转变、思维强化、价值提升等三大要素。在国家大力实施创新驱动战略的浪潮中,实践型人才成为创新驱动战略的重要抓手。因此高校对实践型人才的培养定位、培养思维和价值诉求须发生变化,才能培养出与市场需求相衔接的复合型人才。人才培养定位兼具知识、能力、价值三大维度,强化创新思维和实践能力,青年学子只有走出校园,走向社会,才能了解社会;只有深入实践，学用结合，才能提升本领，"学思行"是青年成长规律，也是青年成才的必由之路。探索田野思政实践教学模式，将社会实践与思想政治教育紧密结合，打造"行走的思政课堂"，以此打破知识获取"从书本到书本"的定式，引导学生们走出书斋、走出校门，切实触摸到生活本身，真正实现学以致用、用以促学。

第二节 实践教学体系构建原则

一、产业导向原则

契合产业需求即旅游管理专业实践教学体系构建目标的指向性原则。专业教育的第一要义，是要培养产业及与社会发展所需的人才，能够学有所用，人尽其才。双创教育也要融入产业发展，最终是以在实践中培养具备创新精神、创意思维、创业能力的人才为目的。思政教育也是以服务社会产业发展，根植企业文化为导向。实践教学体系的构建是以旅游市场的需求和行业的未来发展为出发点和归宿点，对接产业，改变高校"闭门造车"的保守教学模式。从纵向上看，将实践教学对接产业发展，利用产业需求、企业岗位群对人才的要求，分析实践教学内容定位。从横向上看，将实践教学对接产业，关注校外资源与关系网的建设，有利于寻找专业存在的价值，解决专业教学的特点、特色及品牌建设问题，增加专业核心竞争能力。

二、系统耦合原则

系统性原则，即实践教学必须循序、连贯、系统地进行，保障学生系统地获得知识。实践教学体系的设计应从动态、多维整体的角度考虑，有目的、有计划、有组织地整合影响要素，使之能够协调一致，相互配合，发挥整体影响教育的作用。实践教学本身就是一个复杂的系统，既包括校内校外、业内业外各个方面的实践环节，也涵盖实践教学的目标、内容、管理、评价和保障等各个参与要素。学生能力与素质的养成，并非一蹴而就的事，应是一个从初级到高级、从基础能力不断向上一级更高能力发展的递进式过程，实践教学设计要遵循学生的认知规律和能力形成条件。"田野+课程、田野+双创、田野+竞赛、田野+实习实训"四大实践教学场域要有计划、有组织地进行，相互关联，循序渐进，建立彼此之间的联系点，协同运作，有效链接，使各个环节均能发挥影响效力。

三、多元兼容原则

多元兼容即兼顾共性与特性，致力培养"T"形人才。"共性"源于文化和旅游业较强的综合性和实践性，加上第三产业属性把这一特征的无限放大，旅游管理专业人才必须是理论与实践相结合的复合型、能力型人才，这是由产业特征决定的。"特性"主要是指学生主体的发展不能忽视专业特性，特别是乡村旅游、工业旅游、遗产旅游、研学旅游等新业态涌现，产生了新媒体营销、产品策划、目的地运营等技术技能型人才。

旅游需求的个性化、多样化以及数字经济的发展打破了人们对旅游人才传统认知的边界，催生了大量新的岗位，一大批适应新业态、新模式的新型旅游人才成为需求热点。文旅产品的个性化延伸，产业的特色化发展需要定制个性化的旅游人才，既是就业竞争力要求，也是学生可持续发展的需要。因此，实践教学体系的构建要在综合知识掌握与能力提升的基础上促进个性化发展，使差异化和个性化成为学生发展的优势和底蕴。

四、灵活互补原则

文化和旅游业处在不断地调整与变化之中，是一个相对敏感也是复原力极强的产业。"十四五"时期，整个行业面临新用户、新市场、新需求。目前私密、健康、安全这三大关键词，代表的是市场和消费者对旅行服务提出的更高要求，对市场上文旅产品供给带来了新挑战。作为人才供给地的高校，成功的能力培养要能够实现学生从一个工作领域向另一工作领域的灵活转换。在进行实践教学体系构建时，开放性的思维和前瞻性的眼光尤为重要，即要立足现实，着眼未来，为未来发展和调整留下足够的空间。

实践教学设计的各个环节，均要有适当的引导性、前瞻性和超前性。四大实践场域相互互补，依托"田野+课程"输入理论专业知识的同时，在课堂上强化知识认知、运用能力；创设"田野+双创"情境，鼓励学生积极申报创新创业训练计划项目、参与创新创业活动等，培养创新精神、创意思维、创业意识；布局"田野+竞赛"，以价值塑造、启迪思想、唤起好奇、激发潜能、探究知识、个性发展为目的，依托行业现状和时事政治开展各项科研竞赛和学科竞赛，培养学生的自主创新、团队协作、吃苦耐劳、社会实践等能力；开展"田野+实习实训"，即深入企业、行业等田野空间，了解行业现状，培养职业素养等综合能力。四者相辅相成、相互促进、共同发展，构建多层次、多方位的全程化实践内容体系，优化学生知识结构、提高学生综合素质、增强学生的创新和实践能力。

第三节 基于田野思政实践教学理念

教育部在《高等学校人工智能创新行动计划》中指出："人工智能技术正在渗透并重构生产、分配、交换、消费等经济活动环节，形成从宏观到微观各领域的智能化新需求、新产品、新技术、新业态，改变人类生活方式甚至社会结构，实现社会生产力的整体跃升。"在数智经济时代下，旅游管理专业实践教学需要进行一场教育认知范式的革命，遵循"从实践认识出发，将其提高到理论概念，再回到实践中去检验"理念，对原有的旅游教育加以重构。因此，在人才培养过程中，引导学生走进田野，深入人民的生活世界，掌握和了解经济社会发展的基本规律，从而锻炼学生的实践能力，强化对田野思政的感悟能力。

旅游管理专业实践教学改革要体现多元化、个性化、人性化、智能化的发展趋势。互联网和人工智能的快速发展，带来了"范式转换"的高等教育变革，不仅为旅游教育提供了新技术，也为旅游实践教学带来了新思维。田野思政理念下的实践教学与传统实践教学理念存在着很大区别（见表3-1）。在教学导向层面，田野思政理念下的实践教学不再单纯以就业为目标，而是以学生个人全面发展为目标，除了就业需要的基础知识和职业技能外，价值塑造也尤为重要。推进田野思政建设就是要将学生的成长与成才统一起来，实现知识传递和思想引领的有机融合，既培养学生的深厚学科知识、精深技术技能、较强专业素养和实践动手能力，又培养学生的家国情怀、国际视野、创新精神和使命担当，实现学生的知识能力与思想境界的全面提升。

表3-1 田野思政实践教学与传统实践教学比较表

实践教学理念	传统实践教学理念	田野思政实践教学理念
教学目标	以传授知识和提高技能为目标	以知识创新和价值塑造为目标
教学导向	以就业为导向	以学生发展为导向
教学要求	知识和实践结合	知识融合和再创造
教学要素	教师、教材、教室	多元育人主体、数字化教学资源、多维度实践场域
教学思维	实践思维	价值思维+互联网思维
教学关系定位	以教师为中心→以学生为中心	自适应学习→智适应学习

在教育技术层面，要改变传统的以教师为唯一育人主体的局面，通过人机协作和人机一体化技术探索育人主体的多元化；改变传统的以教材为主要教学资源、以教室为主要教学场景的模式，通过数智化赋能，打造"场景化+数字化+智能化"的实践教学资源平台，通过场景化实践训练，学生得以真正积累旅游基础理论、研究方法和学科发展史等方面的基础知识，尤其是锻炼自己的思维能力，具备初步的问题意识，从而萌发"奔向田野"的内在动力，并具备田野感悟能力；开设线上线下、混合式、虚拟仿真、社会实践等多类型融合的实践教学场景，为学生创造田野空间，将所学理论、方法运用到实践中，形成从生活实践中归纳总结一般规律的自觉意识，真正掌握知识的生成逻辑；改变传统的单一维度的结果评价体系，运用人工智能、大数据技术对教学过程进行监测、学情分析和质量评估，有效提升学生的学习效果和教师的教学效果。

第四节 基于田野思政实践教学体系构建框架

田野思政实践教学体系是以素质和能力为双轮驱动，以市场需求为导向，以专业教育、双创教育、思政教育三者融合为抓手，培养具有创新精神和创业能力的引领社会需要、引领产业发展、引领产业变革的复合型、应用型实践人才的生态系统。本研究根据将田野思政理念引入高校旅游管理专业课程思政建设中，把实践教学体系划分为目标定位体系、战略运行体系、支撑保障体系等三大系统，以培养素能结合型、跨界思维型、个性发展型人才为目标，以实践平台、效果评估为保障，通过课程内容优化、教学手段创新、师资队伍强化等途径，促进实践教学改革，培养应用型、复合型实践人才，具体的田野思政实践教学体系构建框架见图3-2。

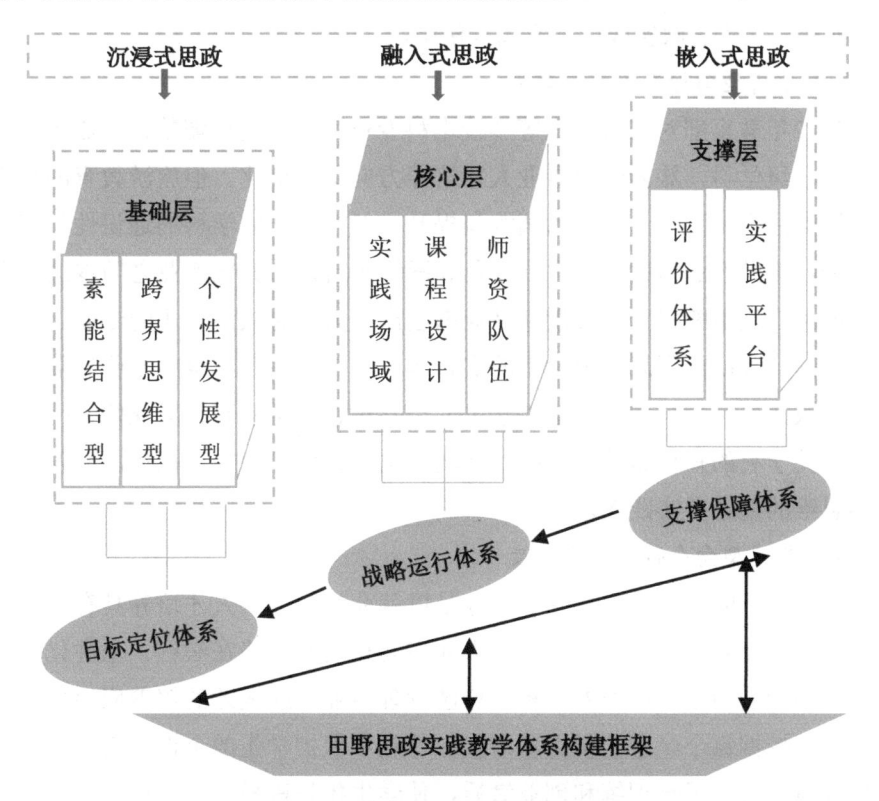

图 3-2 田野思政实践教学体系构建框架

一、目标定位体系

1.唯知识型向素能结合型转变

目前我国高校旅游教育还停留在知识型、被动型的培养方式阶段，偏重于理论知识的掌握，未能重视学生素质教育和实践能力的训练，使得培养人才未能与社会需求进行有效的对接，未能实现专业教育、双创教育与思政教育协同育人。田野思政理念下的旅游实践教学体系应该以培养学生的综合素质为目标，实行"理论与实践结合"，使学生在掌握专业知识的同时，提升发现、分析及解决问题的能力，实现人才培养由唯知识型向素能结合型转变，实现知识、技能传授与价值引领的有机统一。重视开发学生创新性思维、创造性能力、创业型潜质等综合性素质和多元化能力，促进人才素能与社会需求相对接，实现思政实践化、实践具象化。

2.唯学科型向跨界思维型转变

2012年教育部对《普通高等学校本科专业目录》进行调整，将旅游管理升格为一级学科，旅游管理专业人才培养方向更加细化。但旅游教育的重点更多地专注于旅游专业素养的训练和提升，忽视了其他学科的通识性教育。近年来，旅游产业借助产业联动特色和网络平台，与其他产业之间渗透融合的深度和广度不断扩大，旅游新兴业态层出不穷，对旅游人才的专业化要求逐步提高。因此田野思政理念下的实践教学要打破旅游学科的专业界限，实行"开放式"跨学科教育，增加学生文学常识、美学基础、新媒体、网络科技等相关学科的知识素养和技能，开阔学生视野和扩大知识视角，培养具有跨界思维的复合型实践人才。

3.唯普适型向个性发展型转变

我国现行的人才培养体系大部分是以就业为导向，人才培养具有一定的同质化。但在新的形势和背景下，人才多元化的发展势在必行，个性化教育是创新创业能力培养的根本途径。旅游管理专业实践人才的培养应该以人为本，深入挖掘每个学生的优势和潜能，尊重和保护学生的个性和需要，重视学生人格塑造、思维训练和创业潜质，使学生扬长避短，追求自己的兴趣，满足自己的好奇心，充分发挥自身个性特征找到自己的成功之道，实现培养由普适型向个性化转变。

二、战略运行体系

1. "四域协同"实境教学

教学手段是高等教育将知识转化为能力的重要环节。不同的课程内容依托不同的教学手段，才能达到理想的教学效果。因此田野思政理念下实践教学手段以"实境教学"为抓手，引入项目驱动法，以"价值输入—思政探究—知识运用—素能提升"渐进式知识获取维度为着力点，构建以"田野+课程教学"为核心基础，以"田野+双创""田野+竞赛"为实践锻炼，以"田野+实习实训"为发展导向的"四域协同"式教学手段，注重旅游专业教育、创新创业教育和思政教育的有机结合。整合校内外资源，实行校企融合，开展"互联网+"、"三下乡"、创新创业竞赛等实践活动，构建生态化的实习实践环境；实行"科教结合"，让学生能充分参与到实践科研活动中来，同时开办各种学术活动，通过科学研究了解专业前沿问题，提升学生原始创新能力。

2. "三性共融"课程内容

田野思政理念下旅游管理实践教学课程建设应该主动去适应新时期旅游企业对旅游人才的需求以及田野思政建设目标和要求，合理调整旅游管理专业课程设计内容。因此紧紧以素能结合、显性教育和隐性教育结合为导向，围绕"知识—能力—素养"目标，以"理论性—思政性—参与性"进行课程内容重新设计与优化，达到"认知认同—情感内化—行为转变"的目的。理论性主要是指课程本身具备的完整理论知识体系和知识结构；思政性主要是指要深入挖掘课程中包含的思政元素，根据国内外热点时政、行业趋势，及时更新和拓展课程理论内容，让课程思政教学紧跟时代发展趋势；参与性主要以重视学生的行业体验教育、思维创新设计、社会服务开展专题性实战训练，让学生置身于真实田野空间，了解行业发展现状，解决实际问题，提高实践能力，包括组织社会志愿服务、开展景区开发调研、参与研学课程设计、参与文物保护宣传活动等等。

3."一主多辅"师资队伍

在高等教育教学活动中,教师和学生为两大主体。师资队伍的学缘结构、专业素养、实践经验等会直接对学生培养质量产生影响。因此田野思政理念下的实践教学的开展需要一支结构合理、专兼结合、素质优良的师资队伍,需要涉及专业教育、双创教育、思政教育多方领域的高素质师资群体。通过开展领导领学、专家辅学、支部促学、实践助学、教师互学等方式提高教师的专业素养和思政素养,多点发力赋能教师专业成长。理论课师资更加重视学生的知识思维的培养和思想价值的提升,为实践教学提供理论支撑,但实践人才的培养需要丰富的实践和管理经验导师指导。以培训、引进、聘用等多种方式组建专业教师、思政课教师、创新创业导师和企业兼职教师,共同参与"一主多辅"师资队伍。

三、支撑保障体系

1."五位一体"实践基地

田野思政理念下实践教学最终是以培养复合型实践人才为目标,是以素能结合为基础,除了传授理论知识外,还包括实践能力的锻炼。高校应充分整合学校、政府、社会等各方面的资源,积极推进各主体要素融合,构建"政府+学校+行业+企业+社区"五位一体实践教学基地。在校内,通过举办创新创业大赛、学科竞赛等,开展各种志愿服务活动来营造良好的实践文化氛围;资助培育创新创业类社团组织,让学生进行自我创造;鼓励学生积极参与大学生创新创业科研项目申报,通过科学研究培养学生将理论转化为科技成果的创新意识和创造思维。在校外,通过整合社会资源,以市场需求为导向,以产教融合为途径,构建旅游众创空间、志愿服务社会实践基地、实习实训基地、校企互动示范基地等实践平台。

2."四维互动"评价体系

田野思政理念下的实践教学是以素能为双轮驱动,以培养工匠精神和实践能力为目标的一种教学模式,对现行高校旅游管理专业实践人才培养方式和实践人才培养质量形成了较大的影响。实践教学效果评估要以满意度、创业意识、创新能力等为衡量指标，按照不同项目类型，邀请教师、小组队长、学姐学长、企业专家等多角色综合评价学生成绩，形成"四维互动"评价机制，最终构建形成性和终结性评价相结合的课程评价指标体系。通过多角度、全方位、跨时间对田野思政实践教学效果进行评估，根据反馈结果，不断纠正人才培养目标与实际培养目标、培养结果之间的差异，从而进行调整和完善，进而提升实践教学教育质量。

第四章 旅游管理专业实践教学目标要求

第一节 KAS 理论

KAS源于美国职业培训教育模式,其中三大要素K指代Knowledge,即工作所需的专业理论知识;A指代Ability,即策划并执行工作的能力;S指代Skill,即运用技能和方法来保障工作的完成。可以看出该模型中K、A、S关系密切,且缺一不可。K是基础,A为关键,S作为终极目标,K、A、S共同形成综合职业能力。中国创造学会会长袁张度在对比分析了中外教育模式后,指出K(知识素养)是基础,A(一般能力)是核心,S(职业技能)是落脚点。目前传统的课堂教学过于重视"物质层面",主要集中在知识和能力的获取,而忽略了"精神层面"的培养。教育的本质是育人,立德树人是根本。课堂教学应该是物质和精神层面的双通道建设,即"知识+能力+态度",而态度就是"思政教育"中的价值观教育(见图4-1)。因此,本研究认为实践教学KAS理论是包括K、A、S等三大要素的物质层面和精神层面相结合的模式。

旅游管理专业是一门实践性和应用性较强的学科,田野思政在建设过程中,不管是理论课程还是实践课程的教学思维本身具有求真、务实、审美等特点,德育工作应该贯穿整个教学过程,教学目标应集知识、能力、态度"三轮驱动",最终目标不专指知识和能力的提高,还应包括价值观的塑造、感情的沟通、精神的愉悦、事实的澄清、态度和行为的改变等。田野思政教学目标是学生的知识情感、态度、行为等方面的多重显效。

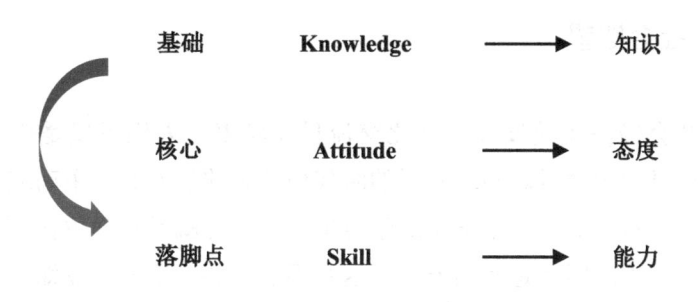

```
基础    Knowledge  ⟶   知识

核心    Attitude   ⟶   态度

落脚点  Skill      ⟶   能力
```

图 4-1　KAS 理论模型图

第二节　基于田野思政实践教学目标依据

对于田野思政的研究，其实是课程思政的内涵及功能对外辐射的过程，同时也是具有新鲜活力和社会拓展力的思想政治教育，可以丰富专业课程自身的内涵，挖掘其教育价值，扩大其教学功能。田野思政实践教学目标的定位是旅游管理专业进行课程内容设计和优化的依据，是知行合一、应用复合型人才培养的抓手，决定着旅游田野思政建设和实践路径的探索。因此，本研究将从国家、社会、产业和学生四个维度分析田野思政实践教学目标提出的依据，以此增强目标的科学性和可行性。

一、国家要求

习近平总书记在高校思想政治工作会议上的讲话对高校全面开展课程思政提出了明确要求。田野思政是在课程思政理论基础上，在解决"如何培养人才"这个根本问题的背景下提出的，其最为核心的理念就是探索专业教学和通识课程中的思政元素如何融入课程教学的各个环节，形成"隐性思政教育"模式，促进"立德树人"根本任务的具体实施。可以说，田野思政是高校思想政治教育工作的新理念、新模式，探索行之有效的课程思政方式方法，是当下高校教学面临的重要任务，也是各专业进行课程改革的重要方向。因此田野思政的提出，是大势所趋，是国家的根本要求。

二、社会期望

当前社会经济飞速发展，文化交流日益频繁，人们不仅是信息的接收者，也是信息的传播者。网络互联的时代使繁杂的多元文化主动或被动，显性或隐性，不断地涌向青年学生的学习生活中。这就要求学生在面对多元化信息时具有基本的明辨是非的能力。这些不仅需要一定的专业知识，更需要自身正确的意识形态和良好的思想道德作为强有力的后盾。田野思政的有效实施能够使思想政治教育工作全面扩大、广泛深入、隐形渗透、多重融合。从专业实践教学开展田野思政，是满足地方旅游人才需求的必由之路。如何落实旅游专业"美德培养人才"的基本任务，培养当地旅游业发展的高水平应用人才，是应用型本科高校旅游管理专业人才培养面临的新挑战。田野思政理念下的实践教学不仅为专业教育、双创教育与思政教育的整合提供了价值指导，而且通过专业、人文、伦理等专业课程和普通课程的整合，更容易实现社会对高素质旅游人才的期望。

三、产业需求

目前，我国正处于"十四五"建设核心期和"两个一百年"奋斗目标的历史交汇期，在中国式现代化背景下，旅游产业正处于转型升级的关键时期，旅游新业态层出不穷，旅游产业与其他产业加速融合，这对旅游人才的开拓创新精神、跨界思维、创业能力提出了更高的要求。大众旅游时代，我国已成为世界最大的旅游客源国和第四大旅游目的地国家。在全球旅游市场不断融合的过程中，旅游从业者担负着向世界展示中国素质、弘扬中国精神、讲好中国故事的重要职责。银发游、亲子游、研学游、科考游、夏令营等多种旅游形式不断发展，这不仅需要旅游从业人员具有丰富的知识储备与专业技能，更要有爱心、细心与耐心，以适应旅游新兴消费者的不同需要。

四、学生特点

学生特点对于应用型本科高校旅游实践教学目标定位来说是较为细化的依据，体现了以生为本的原则。旅游管理专业在田野思政建设过程中，需要在实现学生素质和能力全面提升的总目标的前提下，注重学生个体代际差异。在校大学生大多属于00后，出生于和平时代，没有经历过战争、饥荒、贫穷等艰苦环境的洗礼，缺乏责任与忧患意识，对中国的发展历程和传统文化的认识多数停留在书本文字和概念层面，这直接影响了旅游管理专业学生对我国优良传统的践行与宣扬，而且多数学生追求快捷、实用，自我意识较强，求真、奉献的精神欠缺。将课程思政渗透到旅游专业知识学习的全过程，将有利于培养技术精湛、锐意进取的新时代人才，有利于培养弘扬革命精神、传承优秀文化的新青年，有利于培养有务实精神、服务意识的从业人员，以此促进适应时代要求与学生成长需求高度契合。

第三节　基于田野思政实践教学目标体系

本研究在以国家要求、社会期望、产业需求和学生特点为依据的前提下，结合KAS理论，提出"培养素能结合型、跨界思维型、个性发展型旅游复合型实践人才"的培养总目标，构建适应应用型本科高校旅游实践教学的目标体系（见图4-2）。该目标体系以国家要求、社会期望、产业需求和学生特点为依据，以总目标为核心，同时将总目标划分为四大分目标，分别为素质目标、能力目标、知识目标和态度目标，四大分目标具备三大层次，其中知识目标是基础目标层，素质目标和能力目标是核心目标层，知识目标、能力目标和素质目标共同构成提升目标层。

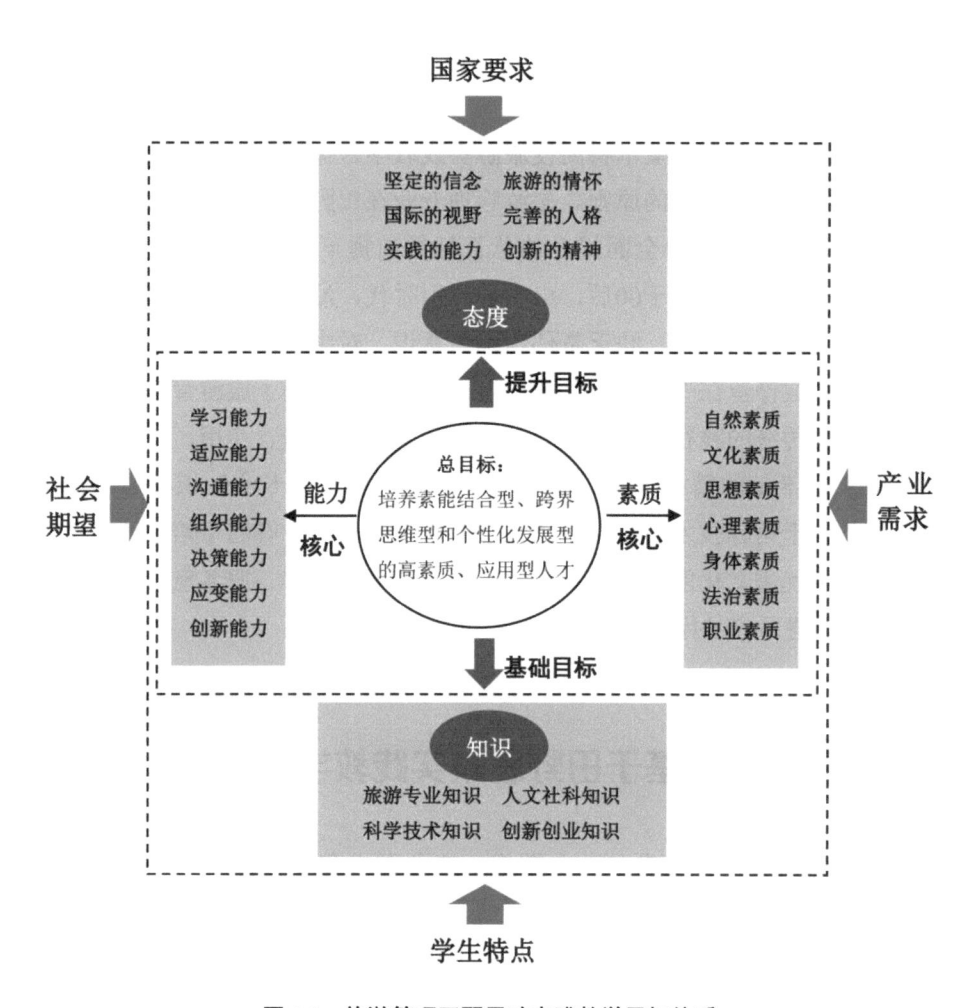

图 4-2　旅游管理田野思政实践教学目标体系

一、总要求

坚持以习近平新时代中国特色社会主义思想为指导，以立德树人为根本任务，以理想信念教育为核心，贯彻知识传授、价值塑造、能力培养"三轮驱动"的理念，深入发掘和提炼课程中所蕴含的思政元素和德育功能，在思政元素的选择上能够体现理论性、思想性、指导性、时代性，第一时间传播党的创新理论和国内外热点时事，将政治认同、家国情怀、社会责任、文化素养、道德规范、法治意识、思维品质、科学精神、创新能力等思政要素融入课堂教学，将做人做事的道理、社会主义核心价值观、实现民族复兴的责任与理想贯穿课程始终。

结合旅游管理学科特点，融入"将田野带入课堂""将学生置于田野"两种田野思政实践教学理念，以学科平台课程为支撑、以"价值输入—思政探究—知识运用—素能提升"渐进式知识获取维度为着力点，以实践环节为补充，构建类型丰富、层次递进、相互协同的田野思政实践教学体系，最终达到培养信念坚定、知行合一、旅游基础知识扎实、实践能力强，具有社会责任感、创新创业精神，能在旅游行业从事旅游管理、旅游策划与规划、旅游信息化等方面工作的高素质、应用型专门人才目标。表4-1是选取的某院校旅游管理专业人才培养计划中对教学目标的描述。

表 4-1　某院校旅游管理专业人才培养目标

总要求		本专业旨在培养德、智、体、美、劳全面发展，适应区域经济发展和现代旅游产业发展需要，系统掌握旅游经济及现代管理理论和业务技能知识，具备较高的人文素质、良好的专业素质和技能，能在各类旅游相关企事业单位以及教育和研究机构等从事经营、管理、规划、策划、咨询、培训以及涉外旅游服务等的高素质应用型管理人才。
1	具有社会责任感	理解和把握习近平新时代中国特色社会主义思想，坚持正确的政治方向和政治立场；关注社会，具有社会责任感和服务社会的热情；具有奉献精神。
2	具有创新精神	具有能够综合运用管理学、旅游学的专业知识、信息、技能，提出新方法、新观点的思维能力和进行发明创造、改革、革新的意志、信心、勇气和智慧。具备利用创新性方法开展科学研究的能力，以及基于多学科知识融合的创意、创新和创业能力。
3	具有专业实践能力	掌握现代旅游管理的基本理论、专业知识和专业技能，并能从行业的发展变化中发现问题，进而运用专业所学去分析和妥善解决问题，不断适应社会发展和个体发展的需要，实现职业能力可持续发展。
4	具有国际视野	认识和了解世界文化、全球议题；具有好奇心，乐于探究不同国家政治、经济及文化的发展；具备开放的心态，懂得尊重和包容；形成正确的世界观和价值观。

二、基础目标层

知识目标是目标体系的基础层,知识是一个人需要掌握的基本内容,它是开展实践活动和进行思政教育的来源和基础,所以掌握足够的知识是专业教育实践的基本要求。旅游业是综合性较强的产业,随着旅游业与其他产业的加速融合,旅游学科也需要与其他学科相互交叉结合,把"求真"的科学精神与"至善"的人文情怀结合起来,共同追求和坚守文化自觉、自信与创新,共同引领学生成长成才,使其具备跨界思维的能力,以适应目前社会发展的广泛需求。对于田野思政理念下的实践教学来说,其知识体系需要做到"专思创"教育三元融合,具体知识体系见图4-3。知识的掌握一方面需要做到"广博",即了解全面的知识,这包括历史地理知识、语言文学知识、法律艺术知识、心理学知识、社会价值观知识以及经济管理知识等;另一方面还需要做到"精深",即对旅游专业知识的深入学习和掌握,包括旅游业基础知识、旅游业务知识、旅游管理知识等。

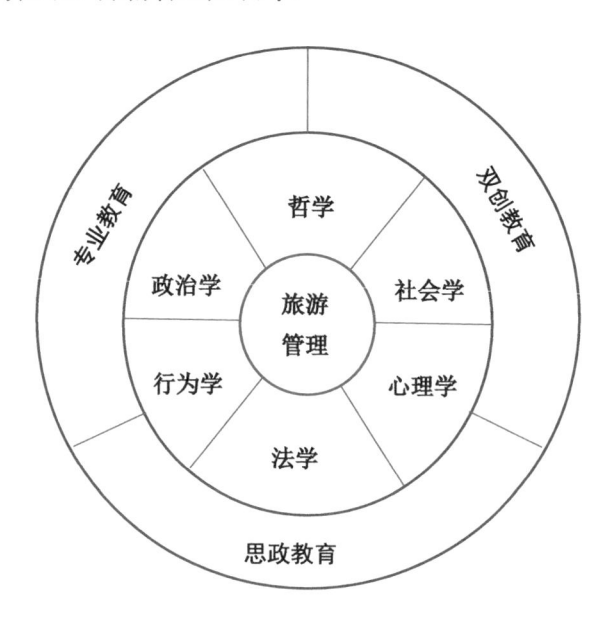

图 4-3 田野思政理念下的实践教学知识体系

三、核心目标层

核心目标层由素质目标和能力目标共同组成，能力和素质是旅游业开展田野思政实践教学目标的两个重要方面。能力是旅游复合型、学习型技能人才实现的重要支撑，全方面能力的培养和提升将为旅游实践教学提供更高的可能性。田野思政理念下的实践教学最终目标培养的能力主要包括学习能力、适应能力、应变能力、沟通能力、组织管理、领导决策以及开拓创新的能力。学生应通过主动和被动的学习实践提升自己各方面的能力。素质是旅游人才顺利发展的重要保障，素质主要包括自然素质、文化素质、心理素质、思想素质、法治素质、身体素质和职业素质，自然素质是人的外形外貌、性格特点；文化素质是其文化素养；心理素质是指人的心态情绪；思想素质是人的品质道德和三观；法治素质是人的政治立场、职业道德伦理；身体素质是指有良好的生活和卫生习惯，良好的体能及健康的体魄、健美的体态；职业素质是指创业意识和勇气，以及对事业的热爱和责任心。相对于能力来说，素质更多是先天的特点和惯常的修养，是长期培养的结果。

四、提升目标层

提升目标层是田野思政理念下实践教学的最终目标，即将自身掌握的知识、长期培养的素质和能力应用并付诸实践，最终实现人才培养六大核心目标：坚定的信念、旅游的情怀、国际的视野、完善的人格、实践的能力、创新的精神。通过将田野思政教育理念与人文精神结合、理论与实践紧密结合，做好专业教育，拓宽学生知识面，引导学生形成广阔的国际视野和深厚的旅游情怀；开展思政教育，塑造学生坚定的价值观和完善的人格；实施双创教育，锻炼学生实践能力和创新创业精神。通过扎根真实、鲜活、开放的社会现场，引导学生提升专业技能的同时培育和践行社会主义核心价值观，彰显青年学子的社会责任与使命担当，培养人格健全、富有家国情怀和现代气质的高素质人才。

第五章 旅游管理专业"田野+"实践场域创设工程

第一节 "田野+"实践场域创设理论基础

一、场域

场域概念首先来自物理学，指某种物质连续性地分布于某种空间的整体，如磁场、电场、重力场、引力场。从物理学的角度来看，场作为物质存在的空间，当有其他物质进入到这个空间时，将会受到这个场给予该物质的作用。在社会学中，"场"更多的是分析主体与社会现象的联系，社会学家涂尔干认为，一切事物都要在某个特定的场中才能够表现出来，形成社会环境即社会现象的"场"。法国社会学家皮埃尔·布迪厄认为场域是一个社会学概念和分析工具，是指"在各种位置之间存在的客观关系的一个网络，或一个构型"。从这个定义可以看出，场域的本质不是物理环境，而是社会关系，每一个场域都呈现出一种关系网络结构，构成一个客观的、相对独立的社会空间领域。社会空间作为一个场域，不同于一般意义上的由自然边界围成的场所，而是一个共同的生活领域，由特定关系结构中的成员在互动交往中不断建构。后来，这一概念主要在实践社会学和文化社会学领域被广泛使用。资本与惯习是布迪厄场域理论中的两个重要概念，也是场域的重要组成要素。

格式塔心理学在心理学完形理论中提出了"场"的概念，物理学中的

"场"延伸到人类的"心理场"。人的心理也可以说具有一种特定的能量,在分散自身力量时也会接受外部力量,这种相互力量的影响是客观存在的。心理场是物体与人心灵之间形成的场,是以人心理为中心的特定场。

无论是物理学、心理学还是社会学,其场域概念的构成内核都是一种无形存在的共时态空间,空间内的构成要素具有相互作用、相互影响甚至相互竞争的关系,而这种空间的存在是这些构成要素存在并相互作用的必要前提。

国内学术界借鉴场域理论运用于教育领域,根据研究的不同领域和研究主体,也出现了许多不同的场域概念,包括"教育场域""教学场域""认知场域""社交场域""学习场域""课堂场域""情境德育场域"等层级递进的概念。教育场域由管理者、教师、学生及其他参与者根据知识的产生、传递、传播及消费形成的一个客观关系网络,旨在培养、形成和促进人的发展。在这一网络中,主要通过知识这种文化资本得以维系,如教师通过传授知识与学生互动,而学生通过学习知识与教师进行交往。将场域理论应用于高校课堂教学,也就形成了高校课堂场域。

场域在各个领域有不同的解读,场域并非一个空泛的概念,在不同的运作空间里,他们每个人遵循自己的逻辑规则,并发挥场域的作用,正因为这种作用的存在,与此空间关联的任何对象都存在内在联系。场域绝不仅是一个简单的空间场所,而是具有更多的意义,它是一个关系网络,赋予这个空间生机、力量和潜力。

二、PSST框架学习场域

教学法-空间-技术(Pedagogy-Space-Technology,PST)框架是昆士兰大学Radcliffe等人于2009年提出的,并且是由昆士兰大学进行的下一代学习空间项目的产物,具体理念见图5-1。该项目旨在帮助院校创造新的教与学的空间,以促进学生的参与和学习成果。通过教育、空间和技术三个维度,来贯穿学习场域的构思、设计、实现、应用和评价过程。随着技术、教学、知识的发展,学生的学习特点发生了变化,教室已经不是学生学习的唯一场所,学生建构内容成为知识的主要形式,这些变化促使学校进行学习场域再设计，所以再设计的学习场域与以往的教室最突出的区别在于遵循以学习者为中心的设计原则，力求学习场域通过学生的协作、互动、讨论等活动促进其主动学习，通过构建支持学习场域的途径支持学生的协作学习。

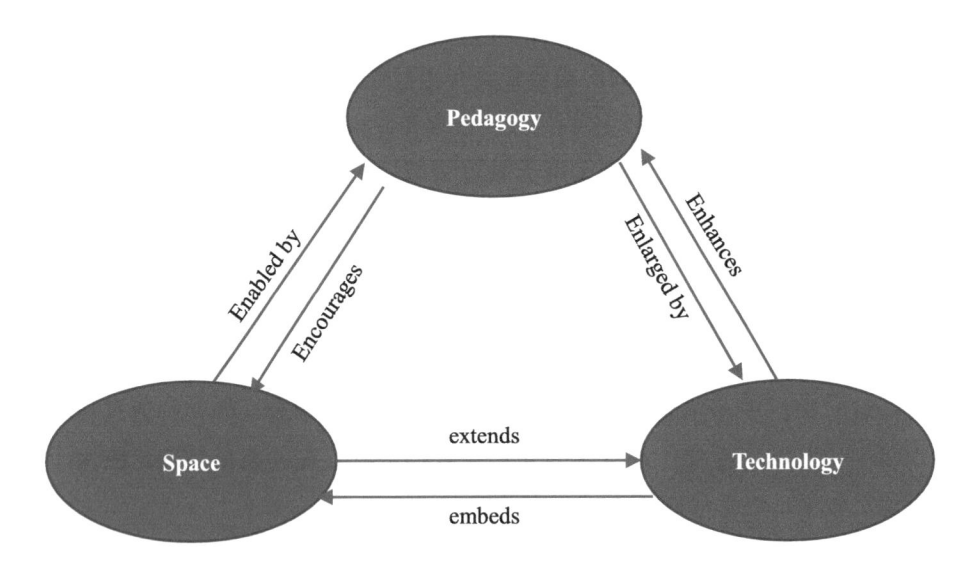

图 5-1　PST 框架学习场域理念图

在实践过程中，有研究者发现教育、空间和技术这三个因素无法容纳学习场域和环境开发中的所有要素，因此华东师范大学陈向东团队将立项、资金、应用、管理以及其他相关的社会类因素归纳为新的一类，提出"教育-空间-社会-技术"（Pedagogy-Space-Social-Technology，PSST）四维框架，具体理念见图5-2。四要素相辅相成，互相作用。

其中教育维度包括教育教学理念、教学方法、教学资源、教学策略等，由于教育是学习场域和环境设计的目标，因此在框架中处于核心位置。社会维度主要包括资金、管理和其他社会支持等，是环境构建过程中的保障和支持，也是空间对外交互的一个途径。空间维度主要包括二元空间结构，包括线下物理空间和线上虚拟空间。技术维度主要包括搭建场域环境所需的以及教与学所需的信息技术工具和设备。空间会对技术提出要求和限制，同时技术也对空间搭建提供基础，在四要素中空间和技术共同为教育的实施提供物质基础和保障，因此处于框架的基底位置。

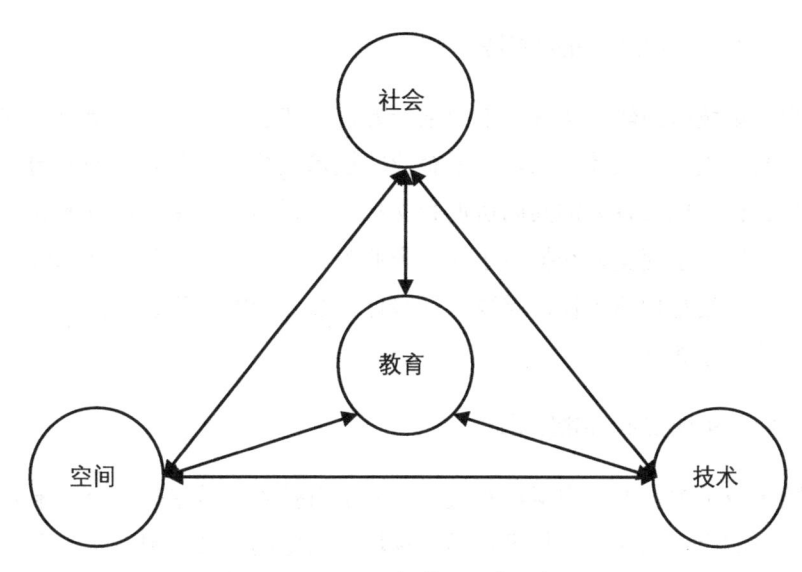

图 5-2　PSST 框架学习场域理念图

（一）支持形式多元的教育

教学法应当与学习场域的设计紧密相连，以便共同促进学习活动的开展。混合式教学不只是传统线下教学和在线网络教学的简单叠加，它具有教学法交融、资源丰富、表现多样、交互多元等特点，意在多种教学策略比如讲授式、讨论式、案例式、项目制、在线学习、翻转课堂等的方法深层次融合。

（二）构建结构灵活的空间

合理规划线下实体空间与构建线上虚拟信息空间，是满足多样化混合学习活动的基本保障。21世纪学习场域设计格局应是具有灵活性的，能够适应当前和未来的教与学，是可以方便地被重新配置的。因此，在现代化的学习空间中应当科学规划功能区域，创设一个灵活、多用途、多场景的线下学习物理空间。那么线下学习场域不再仅仅局限于课堂，而是将其扩展到农村、社区、企业等社会空间中，学习场域的边界越来越模糊，逐渐走向无界化。同时，创设一个能够提供多样化学习的技术工具，支持多终端接入，满足学习者个性化需求的虚拟信息空间，可以促进师生虚实无感知切换。

（三）统筹和协调社会支持

学习场域的构建无法依靠单独某一方资源或能力完成，需要政府的资金投入、政策支持、人才引入，需要企业的技术支持，需要学习场域构建主体的顶层设计，以及各方的共同协调和支持。在以学生为主体的场域利益相关者中，政府是宏观支持和把控主体，企业和其他高校作为外界技术或学术支持主体，学校是构建主体，需要进行整体把控，同时要积极寻找各方资源和支持，并进行资源整合。

（四）实现技术的融会贯通

随着技术的发展，虚拟现实技术、元宇宙技术等数字化媒介对未来学习场域的影响会更加深远。技术在学习场域中的影响主要表现在两方面：一方面是智能技术对于学习场域的扩展和延伸。在泛在、高速、低时延5G技术的加持下，创新实现了跨时空、多场景的异地教学课堂的同步互动，还可将课堂搬到学习者所熟悉的工厂、乡村、农场、社区、老年活动中心等"田野"教学点，实现学习空间无边界。另一方面是信息技术对课堂教学的支持和交互的促进。

三、课堂场域

将场域理论应用于高校课堂教学是近年来教育理论研究和教学实践发展的必然逻辑。场域理论之所以被用于高校课堂教学，从根本上讲是因为二者具有内在的耦合性。知识资本和教师权力是课堂场域的基本动力，知识资本和权力所构成的场域关系，是课堂场域下师生基本的真实关系。刘生全在《论教育场域》中指出文化场域具有层次性和相对性。其中，从层次性角度出发，学习场域按照覆盖范围分为宏观教育场域、中观学校场域和班级场域、微观课堂场域。课堂场域是从场域到文化场域、教育场域再到学校场域，最后延伸到课堂场域这一系列过程。

课堂由教师和学生根据特定的逻辑要求共同创建，是学生参与学习活动的主要场所,是通过师生之间的分工与合作有计划地进行师生活动,从而使教育目标达成的一种学习场域。正如布迪厄所说:"每个场域都将市场作为连接纽带,将场域中象征性商品的生产者和消费者联系起来。"那么课堂场域就应该包括教师、学生、课程内容等等。商品的生产者可以理解为教师,商品即是课程内容,消费者就是学生。在课堂场域中,正是这些要素之间的相互作用,才能够不断地促进学生的发展和课程内容的生成,生成的课程内容应不断适应学生的发展需要。

杨广军在《符号的批判》中对课堂场域进行了详细解释。他认为"课堂场域"是指课堂内各种元素与矛盾之间存在的多维关系网络,影响着有形和无形的课堂活动中诸多元素与矛盾的形成和重组。因为网络是动态和开放的,所以课堂场域有形亦无形,是物理场和意义场的结合,不能简单地被看成是一个绝对的实体,不能只看到一个在场(presence)的课堂场域形态,应该追求在场和不在场的统一性。主要体现在以下三个方面:

一是追求知性教学(在场)与德性培养(不在场)的统一。只追求知性的达成是片面的,对学生的培养是不全面的。在获取知性的同时还应追寻德性的养成,德性根植于知性并超越知性,知性达成寓于德性养成的最高目标之中,这才是课堂场域设定的终极追求与使命。

二是在知性追求的教学活动中追寻知识、技能的获取(在场)与情感、态度、价值观等科学素养的培养(不在场)的统一,以素养的提高超越,引领单纯的知识、技能训练。

三是在学校德育日益学科化、课程化的今天,在德性养成的活动中追寻课程化的德育知识(在场)与德性的熏陶与养成(不在场)的统一,以品德的修行与提高超越单调的说教与规训。

课堂场域不仅是指有界的教学场所,也指在课堂中发生的教学活动。王鉴则认为课堂不仅是知识传授之所,更是人才培养之所。课堂场域作为一个课程内容传授的场所,教师通过观察学生的差异,将课程内容与学生进行匹配,学生通过课堂场域的实践和互动来实现知识积累。"课堂场域"追求客观内容和主观形式的统一,是对教育活动与教育关系的新认识和新视角。实践教学课堂场域是师生之间互相影响的过程,具体包括教师的教学场域、学生的学习场域以及在不同场域的交互中形成的实践场域。

第二节 "田野+"实践场域创设内涵解读

一、"田野+"课堂场域本质特征

高校课堂场域具有明确而特定的内涵。场境教学模式是场域理论应用于高校课堂教学的基本手段，也是田野思政实践教学的主要路径。场境的本质是课堂中人为设计创设的虚拟场域，也是高校课堂场域中依据灌输内容人为设计创设的虚拟社会环境与境物。依据场域理论，教法创新的本质体现在真实或虚拟场域下师生所承担的角色以及关系的转换。高校实践教学场域是思政课堂场域下虚拟场境教学的实践基础。

场境，可以理解为在场域之境，即身处特定场域下的境地。"场"和"境"是高校课堂场境的本质特征。就"在场"这层意义而言，场境教学与情境教学模式是类似的，场景可以是舞台、公园、广场、博物馆、美术馆、农村等等。场境教学是培养受教育者应对各种场景的概括力、创造力、想象力、共鸣力等等，这些能力是文化共生社会里的重要能力。"在场"情境的创设是知识和能力培养的过程。就"不在场"这层意义而言，课堂场域创设情境中的情就是伦理与道德情感的输入。教育家李吉林概括了情境教学的特点：形真、情切、意远、理寓其中，"不在场"情境的创设追求的是有情感的理论灌输，是情感、态度和价值观塑造的过程。

因此田野思政课堂场域的本质是强调场境的创设。而场境教学就是将情和理有机融入教学之中的探索，也是"知识、态度、能力"三位一体目标要求的体现。对于掌握了一定知识的大学生而言，没有理论为基础的情感，即使能感动一时也不会对其思想和价值观形成产生根本的影响。而没有感情的理论，就是枯燥的理论，不容易被大学生真正接受。理和情相结合的环境就是课堂上虚拟的场境，在人为创设的场境之中，实现理和情的统一。

二、"田野+"实践场域创设内涵

（一）空间从实体向虚实结合转变

田野思政实践场域在空间上具有现实性与虚拟性相互嵌套的特点。场域创设需要依赖教育者精心设计，虽然不局限于空间上的物理形态，但是也存在边界。田野空间蕴含大量的思政元素和实践情境，"将学生置于田野"模式是鼓励学生亲身走进政府、企业、社区、农村等社会空间，去读懂国情、社情、民情、乡情等，能更好地了解旅游行业的发展现状。除了真实的"那一片田野"，互联网给予了"田野"更大的可能。"将田野带入课堂"模式是借助互联网等技术使更广阔、更丰富的田野资源走进传统课堂。互联网的高速发展，使网络与真实田野逐渐融合，也使人人互联、社会互联，成为真正的网络平台，成为真正田野空间，在线虚拟的真实情境也成了"另一片田野"。因而，田野思政实践场域具有现实性与虚拟性的空间交错特性。

（二）时间从共时性向历时性转变

共时性与历时性来自索绪尔语言学系统的二元性特点，共时性与历时性的研究进路也适用于分析课堂场域的特点。共时性以事物的静态、凝滞态为假设，关注某个非动态时刻事物内部各要素之间的关系和结构；历时性则是以事物的发展态为假设，关注时间连续累积下事物系统受外部影响而产生的演变。共时性强调实践教学基于固定时间安排，仅具有单一向度性特点，使实践教学仅仅静止地固化于某个时间剖面。而历时性注重连续性和动态性。根据不同的田野空间类型打造"田野+课程、田野+竞赛、田野+双创、田野+实习实训"思维空间结构，同时借助互联网技术，能够为学习者呈现超越时间限制的知识经验结构体。课程内容在场域中能够连续展开、动态发展并重新达至新的平衡状态。

（三）内容从封闭式向开放式转变

习近平总书记强调，思政教育要用科学的理论培养人，要高度重视思政课的实践性，坚持理论性和实践性相统一。传统实践教学内容受限于课堂教学时间与教师的备课情况和教学经验。课程内容呈现方式相对单一，信息呈现时间也受到教学时间的限制，这使实践教学中的思政内容阐释和理解受限于单一教师的讲授。特定空间将实践教学中的思政建设简单化、单一化、封闭化，无法应对外部空间的复杂化、多元化发展。而"田野+"实践场域以动态更新和多样态授课方式，回归思政建设应然的开放式社会空间，面向纷繁的知识构成和多样态的社会实践，不仅有助于回归生活实践，还有助于接受多元文化冲击和多信源非主流信息媒介干扰的挑战。

（四）教学从讲授式向探索实践式转变

田野思政实践教学不再囿于传统课堂教学过程中以教师为主体的单向传播模式，而是借助于各种社会资源的实践场域能够实现多种知识媒介的多向传播，以及学生参与的互动交流。采用"将田野带入课堂"和"将学生置于田野"两种模式创设情境，让学习者置身田野空间，通过"望、闻、问、切"去田野中发现问题。"望"即参与观察，要明确谁参与，观察谁，如何参与。"闻"即听口述史，要明确谁来讲，讲什么，能信吗。"问"即深度访谈，要注意跟谁谈，谈什么，怎么用。"切"即质性研究，要注意是什么，为什么，有什么问题，怎么解决。以此使学习者可以在知识探索中发现延展性知识，根据个人对知识的理解发现新领域，搭建学习概念框架，探寻课程内容的内涵和外延。

第三节 "四域协同、行走课堂"实践场域构建

一、基于 PSST 框架的实践场域构建要素

（一）课程教学：四域情境创设

实践场域中课程内容要求不再以"知识点"为内容组织核心，而是将现

实生活中的真实问题融入学习内容，通过"问题－任务－项目"的形式呈现，促进学习者在探究和协作过程中完成个体知识建构和群体知识创生。由真实生活问题为起点，解决问题所需要的不单单是某一学科知识，而是需要融合多学科知识和技能进行分析和解决。田野思政实践场域的学习内容大都将跨学科知识进行融合，扩展知识所涵盖的领域，面对多元化的学习内容，在学习过程中，学习者也具有更大的选择性。

（二）空间环境：三元结构融合

田野思政实践场域中的学习空间具有多元化的特点。学习者的学习逐渐泛在化，在校的实践探究与课后在线的讨论协作逐渐融合，转向无缝学习，形成"课内与课外互通、线上与线下互联、现实与虚拟互补"的特色教学模式。"课内与课外互通"强调思政教育与专业教育的有效融合，课内实践课通过调研与科研活动加强学生对课程理论的验证研究，课外实践活动是让学生在以田间地头、荒山旷野、山水风景为"黑板"，以山石树桩为"桌椅"的课堂中，充分了解与感受国情，主动发现旅游建设中的难点，有效解决课外实习流于表面和缺少思政内容的问题。"线上与线下互联"不仅可以扩大教学资源，提高知识技能讲解的精准性，又保证了学习活动的充分性、深入性和有效性。"现实与虚拟互补"将现实田野情境与虚拟田野情境相结合，活化实践教学资源，延展教学的空间维度，避免实践脱离现实，为实践教学的开展提供更多教和学的可能。

（三）社会资源：多方主体支持

实践教学最重要的是实践场域创设，而场域情境创设是基于地区发展的需要、企业需求、社会需求、大学生全面发展的需求，增进主体间价值认同，整合各方力量实现协同共进。田野思政实践场域的建设需要政府统筹、高校实施、社会支持、企业服务等多方主体共同参与，利用各自优势为田野思政建设提供政策支持、资金扶持、人才支持、场所保障、技术支持等条件保障。

（四）技术支持：智能信息交互

数字化赋能课堂场域的无边界扩展，依托5G、人工智能、大数据、物联网等技术，使田野思政实践学习空间不只局限在学校课堂中，它还涵盖校园内和校园外的空间，甚至涵盖正式与非正式的学习空间，而且元宇宙、VR、AR等虚拟现实技术使实践场域情境创设更加真实、更加具象。仿真的情境和实体学习空间融合，构建虚实结合的更合乎学情的教学情境，并且学习者也可以在任何物理空间和网络空间获取所需资料，随时发起讨论、分享和答疑，开展协作式学习。各类MOOC平台还能精准进行学情分析和个性化深度挖掘，实现田野思政实践教学的共时性。

二、基于 PSST 框架的"四域协同、行走课堂"实践场域构建

社会调查研究是我党的传家宝，是一种扎根中国大地开展人才培养的实践教学类型。田野思政实践教学的提出就是将课堂置于地方、区域等真实情境中，将课程中抽象的知识与现实世界生动的、鲜活的案例和实践相结合，发挥我党大兴调查的优良传统。

本研究以旅游专业教育、思政教育和创新创业教育的有机结合为指导思想，以"实境教学"为抓手，以PSST学习空间框架为基底，引入项目驱动法，以"价值输入—思政探究—知识运用—素能提升"渐进式知识获取维度为着力点，构建以"田野+课程"为核心基础，以"田野+双创""田野+竞赛"为实践锻炼，以"田野+实习实训"为发展导向的"四域协同"式田野思政实践教学实施框架（见图5-3）。通过四域情境创设、三元结构融合、多方主体支持、智能信息交互，解构原有的、单一化的旅游学科性教学，实施四课堂协同育人的教学策略，打造线上线下融合的第一教学课堂，以赛促学的第二活动课堂，以双创促能的第三课堂，拓展纵深的第四实践课堂，实现知识、价值、能力并举，构建知行合一的教学时空。

"场域协同"的四个课堂之间形成主体、辅助、延伸的课堂链，这是培养学生实践能力、应用能力、综合素质的四个子系统，四者之间的联动是田

野思政实践教学系统有效运转的关键。

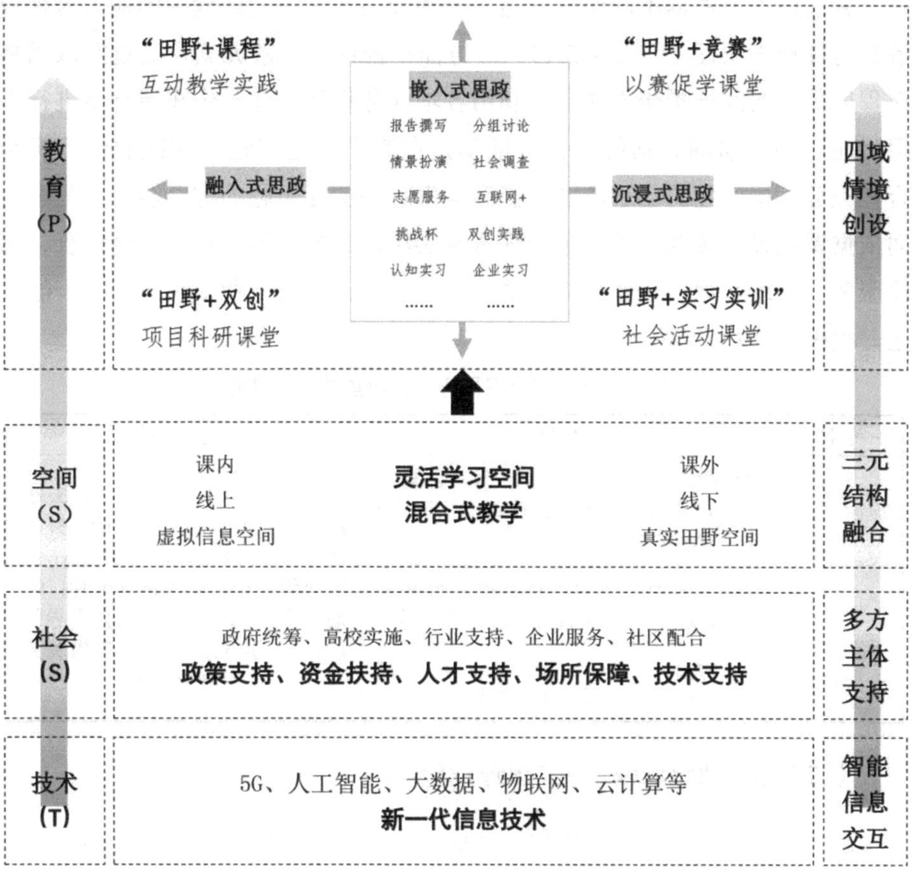

图 5-3 PSST 框架"四域协同、行走课堂"实践场域图

（一）第一课堂场域——"田野+课程"

第一课堂场域是田野思政实践教学的主渠道。第一课堂场域指以班级为基础的课堂教学，主要场所是教室，是大学生专业教育和思想政治教育的重要阵地和主干渠道。教师在第一课堂场域立足于将重点理论问题讲深、讲透，提高旅游管理专业知识的理论理解。其特点为"严"：严谨的授课计划与教案，严格的时间规定，严肃的课堂考勤和纪律。

教师在第一课堂采用行动导向教学法，对学生进行理论知识、文化基础的传授，注重以学生为主体，促进学生全面发展，在专业教育落实中应用思政元素的嵌入。根据不同课程，运用行动导向教学法把课程中的能力目标分解到可操作的层面上（见表5-1）。一方面挖掘课程思政元素，通过互联网将课程所需的实践场景带入课堂，利用各项任务设计，让学生在课堂中进行小组讨论、角色扮演、演练辩论等活动，在教学中把理论与实践教学有机结合，充分发掘学生的创造潜能，提高学生解决实际问题的综合能力。另一方面依据课程设置实践任务，带着任务真实深入田野空间，通过社会调查、志愿服务、遗址参观、资源普查等情节，让学生在学习专业知识的同时，能自主、积极并有效实现德育培养。

表 5-1 专业课上采用行动导向教学法示意表

专业	专业课程	行动导向教学法
旅游管理	管理学原理、旅游市场营销、公共关系、旅游项目管理、旅游规划与开发、旅游法规等	1. 阅读与标识；2. 小讨论；3. 小组讨论；4. 旋转交换讨论；5. 主题不同的讨论；6. 独立工作；7. 小组工作；8. 关键词卡片；9. 魔术盒；10. 引导文；11. 引导问题；12. 引导观点；13. 逻辑关系建立；14. 可视化展示
酒店管理	管理学原理、饭店市场营销、公共关系、心理学、品牌酒店运营与管理等	
会展策划	会奖旅游策划、会展策划、活动策划、会展项目、展示工程与设计等	

（二）第二课堂场域——"田野+竞赛"

第二课堂场域是完善田野思政实践教学的必然路径。第二课堂场域主要是第一课堂场域的补充部分，与第一课堂相互融合、有机统一，是以大学生为主要目标人群开展的专业性竞赛。在紧密结合课程教育的基础上，参赛者根据竞赛制订的主题和相关规则，以竞赛的方法激发自身理论联系实际，通过综合运用所学专业知识分析问题并解决问题，在此过程中促使自身产生创新思维、形成创新理念、挖掘创新潜力、提升创新能力。其特点是"全"：主题突出，内容丰富，跨学科，专业性、知识应用性和实践性较强，能全面提升学生的实践能力和专业素养。

竞赛是以学生为主体，以知识综合应用为特征，提高学生的接触市场、专业运用、数据分析、沟通分享能力，其本质是知识的实践性。竞赛分为学科类竞赛和综合类竞赛两大类。学科类竞赛重在旅游管理专业知识的创新，重在专业知识的掌握和运用。综合类比赛以"挑战杯""互联网+"为代表，主要考量学生方案设计的创新性、市场需求的创业性，提高学生双创能力。竞赛是专业知识、双创知识、思政素养的融合实践，可显著培养和锻炼学生的科研能力、跨专业知识体系、团队合作意识等能力。

通过竞赛长期开展项目学习，激发学生的学习兴趣，培养学生的自主性与独立性，主动探究、勇于创新的精神及团队意识与合作精神。竞赛选题大多来自实际生活及田野空间，通过报名选择感兴趣及具有现实意义的研究性课题，在专业教师的指导下或开展主题研究，或参加学科技能竞赛、创新创业大赛等，培养"双创"意识、思维、精神与能力，达到"以赛促学、以赛促教"的目的。

（三）第三课堂场域——"田野+双创"

第三课堂场域是第一课堂场域的补充部分，与第二课堂相辅相成。第三课堂场域主要在校内利用学校多种平台比如学工处、团委、各二级学院相关资源，构建全员、全程、全方位育人格局，共同促进学生将专业知识、理论知识转化为创新创业能力，拓展思政教学的广度与深度。其特点是"多"：活动形式多样丰富，包括大学生创新创业训练计划、社团活动、双创各类讲座等形式。

"田野+双创"第三课堂场域主要是依托于课程内容，以双创活动、双创训练计划等课题科研项目为主要形式，鼓励学生"敢闯会创"，在亲身参与中增强创新精神、创造意识和创业能力。该课堂主要采用问题导向法——PBL教学法开展实践教学（见表5-2）。发现问题、解决问题所需要的技能和知识、学习小组、问题解决的程序以及学生自主学习的精神是PBL教学法的五个基本要素。PBL教学法是一种以问题为导向，以学生为中心，以提出问题为核心，以解决问题为驱动力，以培养学生创新性思维为主要目标的教学模式。最终让学生在解决问题的过程中通过资料的收集和查阅、团队之间的交流与讨论来获取相关的专业知识和提高创新创业能力，让学生在探究活动中养成科学研究的态度，学会科学研究的方法和相应的技能。

表 5-2 大学生创新创业训练计划项目问题导向教学法示意表

项目类型	具体内容	PBL 教学流程
创新训练项目	大学生在导师指导下，自主完成创新性项目设计、准备、实施与成果撰写等工作	创设问题（行业痛点、社会热点、教师课题）→项目活动探究（田野调查、搜集资料、小组讨论）→项目作品设计→项目成果展示与评价→学生总结和反思
创业训练项目	围绕某一商业项目计划，扮演项目实施中的角色，模拟开展项目实践与企业运行	
创业实践项目	在导师的引导下，发现当前市场中的新型产品与服务，并在前期创新实践的基础上开展创新实践活动，形成一项具有市场前景的新型产业结构	

（四）第四课堂场域——"田野+实习实训"

第四课堂场域是对第一课堂、第二课堂和第三课堂场域的补充，是主要以校内外实践基地、社会公益实践活动等为平台开展的学生主题实践活动，目的是用丰富的实践教学内容强化学习效果，以此检验学生运用知识的能力与水平。其特点是"实"：扎扎实实的实践体验，将知识内化于心，外化于行。

实习实训是依托学校各社团组织、校企合作基地等平台，开展课外实习实训活动，包括认知实习、课程实践实习、企业实习等。充分利用美丽乡村、A级景区、酒店、社区、公园等广阔的旅游田野空间，大力开展青年志愿者服务活动、社会调查服务、两课校外实践等，如"三下乡"、乡村振兴志愿服务，或走出校园到基层社区开展的富有专业特色的社会服务（如文明旅游宣传、非遗调查等），让学生在真实环境中锤炼专业实践技能，而且可以将旅游行业、旅游企业的一线需要作为毕业设计选题来源，鼓励学生参加形式多样的实践活动，给予学生更大的自主学习和实践的空间。

总体来说，基于PSST框架构建以"田野+课程"为核心基础，以"田野+双创""田野+竞赛"为实践锻炼，以"田野+实习实训"为发展导向的"四域协同"实践教学课堂联动模式，有助于将"田野"理念贯穿大学四年教育全过程，促使课堂空间从线下到线上，从课内到课外，从现实到虚拟，全方位丰富实践教学场景；也有助于转变学生被动式学习的模式，提高实践教学质量，以此解决"会不会—能不能—用不用"的问题。具体内容模型见图5-4。

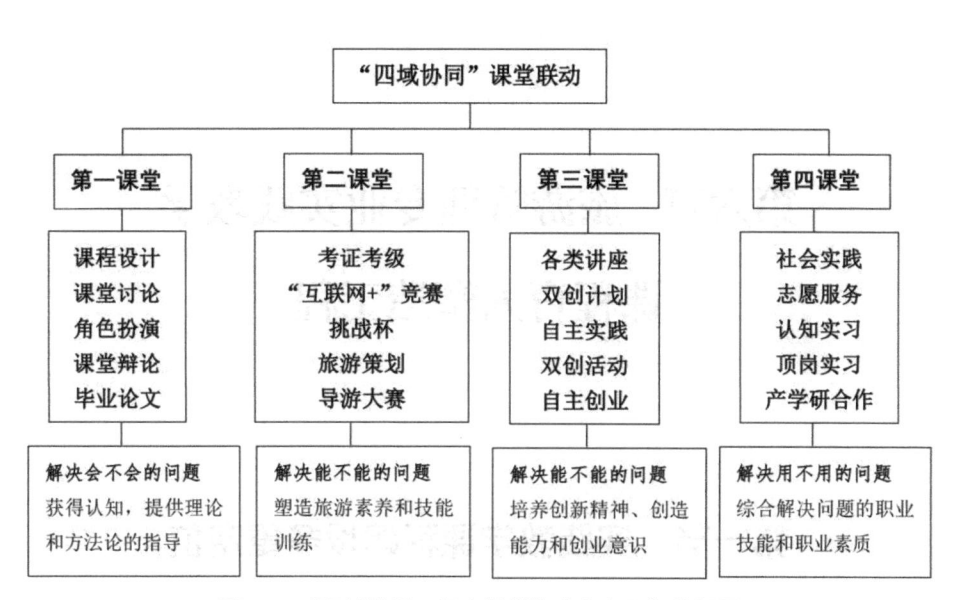

第五章　旅游管理专业"田野+"实践场域创设工程

```
                    "四域协同"课堂联动
    ┌──────────────┬──────────────┬──────────────┐
  第一课堂        第二课堂        第三课堂        第四课堂
 ┌────────┐    ┌────────┐    ┌────────┐    ┌────────┐
 │课程设计│    │考证考级│    │各类讲座│    │社会实践│
 │课堂讨论│    │"互联网+"竞赛│ │双创计划│    │志愿服务│
 │角色扮演│    │挑战杯  │    │自主实践│    │认知实习│
 │课堂辩论│    │旅游策划│    │双创活动│    │顶岗实习│
 │毕业论文│    │导游大赛│    │自主创业│    │产学研合作│
 └────────┘    └────────┘    └────────┘    └────────┘
 ┌────────────┐┌────────────┐┌────────────┐┌────────────┐
 │解决会不会的问题││解决能不能的问题││解决能不能的问题││解决用不用的问题│
 │获得认知，提供理论││塑造旅游素养和技能││培养创新精神、创造││综合解决问题的职业│
 │和方法论的指导  ││训练        ││能力和创业意识  ││技能和职业素质  │
 └────────────┘└────────────┘└────────────┘└────────────┘
```

图 5-4　"四域协同、行走课堂"内容和目标分解图

第六章　旅游管理专业实践教学课程育人塑造工程

第一节　实践教学课程建设多重定位

　　旅游既有行"无言之教"的作用，又有行"有言之教"的价值，前者体现在学习者的学思渐悟、知而后行中，后者则需要借助教育资源的作用。旅游管理专业具有较强的应用性和实践性，相较于理论教学，其蕴含着大量的思政育人元素和实践路径。因此，应该深入挖掘旅游和文化内涵，提炼思政元素，塑造思想性、理论性、参与性，创新田野思政实践教学内容体系。

　　《高校课程思政建设指导纲要》明确指出，全面推进课程思政建设是落实立德树人根本任务的战略举措，深入挖掘各类课程和教学方式中蕴含的思想政治教育资源，结合不同课程特点、思维方法和价值理念，挖掘课程思政元素。资源是课程思政育人的源头活水，课程是田野思政实践教学的载体。旅游管理专业理论课程中的审美情趣、优秀传统文化、人格道德、法治精神等元素，实践课程中探索未知、追求真理、勇攀科学高峰的责任感和使命感，以及精益求精的大国工匠精神等元素，都是开展田野思政实践教学的重要依据和抓手。比如革命历史纪念馆中的烈士故事、博物馆呈现的中华悠久文化、青山绿水传递的绿色发展理念、人物传记表达的奋斗精神等，这些元素不是孤立的，是以中华民族的伟大发展历史为主线而相互关联的，以旅游为着眼点，完全可以构建起集地理、历史、文化、文学、民俗、经济、政治、社会等于一体的大思政"森林"。

因此在开展田野思政实践教学时，要系统性挖掘旅游业思政教育知识"富矿"中的教育元素，要"应挖尽挖""应挖精挖"各类课程中的思政元素，通过实践教学活动，发挥思政教育"先见森林、再见树木，既见树木、又见森林"的综合作用。开展实践教学融入思政教育，需要明确实践教学思政育人向度。这是推动各类课程协同联动，凝聚育人合力，增强课程思政育人实效的必然要求和现实需要。

一、课程育人的高度

课程育人的高度不仅仅是对专业课教师的要求，田野思政视域下更是对整个教育、学校包括所有教师在内的高要求。要求专业课教师既要有教书育人的职业素养，也要有为党育人、为国育才的政治自觉，这一改革关系到学校的政治站位、顶层设计。这不是简单的教学方式、教学模式的变革，而是将思想政治教育贯穿于学校教育教学全过程，让所有课程都突出育人价值的深度转型。因此，实践教学育人不能仅仅注重某一方面，而是一个整体的、系统的过程，从理念到内容、从方法到表达、从教师到学生等全要素综合作用的结果，构建育人大格局。通过实践教学改变过去在传统的教室课堂中只注重知识的传授和技能的培养，承担起价值塑造与引导的职责，践行教书育人的本质，将一个人成长、成才过程中所必须具备的价值观及基本素质和素养，依托、借助知识传播与能力培养等相关载体，达到课程教学综合育人的目的。

二、元素融入的浓度

在开展专业课程思政建设时，大多数学者习惯性地将课程承载的知识、方法、技能等比作"汤"，将课程本身所隐含的以及教学传递出来的"传道""解惑"以及随知识传授和课堂教学而带有育人元素的实践活动比作"盐"，"把盐溶于汤中"就是把作为教师的两个基本的职业要求"教书"和"育人"有机结合到一起。目前在实践教学中，应防止在育人的过程中出现只教书不育人、只注重知识的传授而不注重价值观的塑造与引导的倾向，教学内容改革必须要把握好元素融入的浓度。思政育人元素融入浓度过低，则会出现在整个课程中看不到关于价值观塑造和职业素养的内容；若融入浓度过高，在专业课中融入过多的思政热点，容易将专业课程思政化，偏离了课程属性，则会大大降低专业课程对于大学生的专业知识和技能的培养要求，也会产生严重的危害。因此在实践教学中融入课程思政不能改变课程属性，并不一定要做到每节课、每个环节中都融入大量的育人元素，要以"润物细无声"的方式达到课程实践技能提高、价值引导以及知识传授三种目的。

三、情感表达的温度

"温度"是指教师与学生之间形成一种自然的、能够感染彼此的、有吸引力的氛围和状态。在专业课实践教学中，讲课既需要"理"，更需要"情"，课程思政是一种显性和隐性教育相结合的过程，专业课教师要依托各自的专业课程，以知识传授和能力养成为载体，挖掘专业课本身带有的"育人元素"，在授课中通过理论教学和实践教学，将这种带有价值引导的隐性育人点适时地渗透进去，实现"育人""化人"的目的。因此，简单的灌输式教育不能满足现代教育的要求和当代大学生成长发展的需求，必须要立足于专业课程本身和大学生的实际需求，找到供给与需求的对接点，潜移默化地在专业课中施加育人导向，让大学生产生情感上的共鸣，实现教书与育人的有机结合。

第二节 实践教学课程内容体系设计

一、课程结构模块设计

课程是开展实践教学和田野思政教育的共同载体，不同类别的课程有着不同的特点，但所有的课程都内含着育人资源。依据学生对知识接受程度的不同、培养学生能力的侧重点不同，采用层层递进、贯通链接的方式，将实践教学内容划分为理论基础实践、专业技术实践和研究创新实践三个层次。

理论基础实践主要是以思政通识教育和专业学科基础两个维度开展课内实践教学，是以检验学科基础知识、构建学科知识体系、培养旅游情怀为主的实践项目。这一层次是下一个层次的基础，是开展专业实践教学的前提和基石。

专业技术实践主要是在实践中注重情境创设和问题导向，对多专业方向、多门课程实践内容进行整合，将学生置于真实的企业、行业、产业、社区等各场景中，激发学生主动尝试，积极探索，促进对原有理论知识的再深化和再利用，帮助学生培养思考问题、分析问题和解决问题的能力。这一层次是所有学生必须参加的专业实训和技能实践活动。

研究创新实践是以培养科研素质和创新能力为目标，教学内容具有较强的探索性、设计性、创新性，是教学和科研的双重融合。这一层次的实践活动除了毕业论文科学研究外，还包括科研项目申报和竞赛等。其中科研项目申报、竞赛主要是以团队形式，在专业教师的指导下，开展"项目制"合作学习，团队独立完成市场调研、数据分析、方案设计等。这既有利于锻炼学生理解专业知识、运用学科理论分析解决专业问题的综合能力，同时也有利于培养学生的团队合作意识、严谨的科研精神和职业素养。这一层次是学生兴趣导向实践活动，是知识升华的阶段。总而言之，这三个层次相互促进，相互连接，紧密联系。

本研究以系统性原则与科学性原则为指引，对课程内容重新设计与优化，将实践教学和思政教育相结合，打造一个集聚理论性、思政性与参与性的"三性融合"人才培养课程"自选超市"，形成宽基础、精发展与准提升的"三四三"阶层式课程体系（见图6-1）。

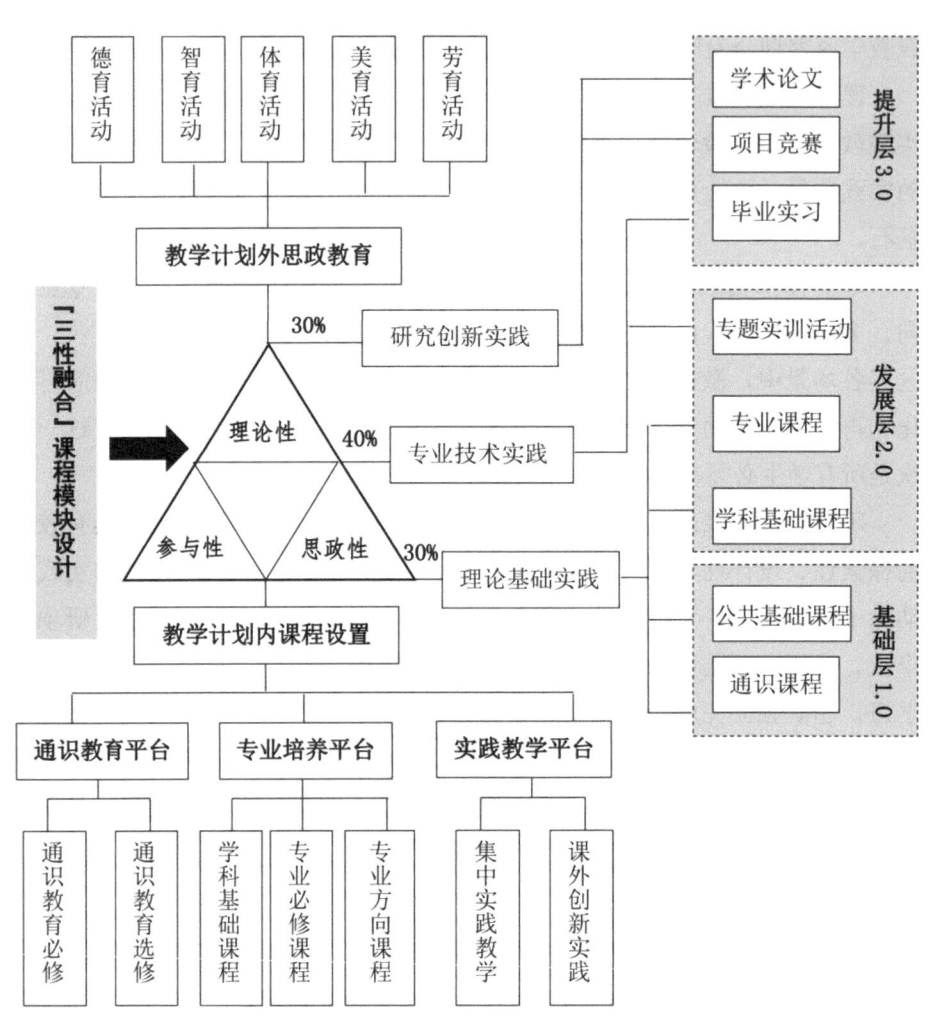

图 6-1 "三性融合"模块化课程体系

（一）宽基础，注重思政实践

田野思政理念下的实践教学阶层式课程体系的基础层主要是思政教育基础课程，包括通识课程与公共基础课程。通识课程主要包含相关的人文社会科学类、自然科学类、法律法规类、计算机和外语类以及艺术教育类课程，教学内容涉及科学精神与科学技术、社会发展与公民教育（含"四史"教育）、人文经典与人生修养、创新创业与安全教育、劳动教育与审美人生等课程模块，旨在培养学生的人文情怀、审美追求、科学素养、批判思维、沟通表达、广博视野，使学生全面理解人类社会及科学技术的发展规律，掌握各类学科的基础知识与技能，形成均衡的知识结构，获得必要的能力训练，具备创新创业意识，具有高尚人格修养等综合素质。公共基础课程即通识必修课，指的是思想道德修养与法律基础、大学英语、马克思主义原理、计算机基础与应用、大学体育等。

（二）精发展，开展专业实践

田野思政理念下的实践教学阶层式课程体系的发展层涵盖课内实践与课外实践两个部分，融合了与专业知识高度关联的学科基础课程、专业课程以及专题实训活动。在专业课程和学科基础课程中通过项目式教学、PBL、翻转课堂等教学方法开展课内实践教学。同时融入德育、智育、体育、美育、劳育等教学计划外的思政元素，实现在实践教学中开展田野思政教育的目的。学科基础课程是与学科基础理论、专业知识与技能培养相关的系列课程，是旅游管理类专业的学位课，学位课采用"4+X"结构。如旅游管理专业需开设旅游学概论、旅游接待业、旅游目的地管理、旅游消费者行为4门核心课程，还应该设置管理学、经济学、心理学、地理学以及法律学等基础课程，为专业课程的学习奠定基础。专业课程指旅游管理专业学生所必须掌握的专业主干课程，主要包括专业必修课和专业方向课。如旅游经济学、旅游市场营销、旅游规划与开发、酒店管理导论、会展管理原理、旅游政策与法规以及专业素养课程。专业素养课程也是旅游专业课程建设的重要组成部分，主要包括旅游摄影、平面制图、茶艺、调酒等专业实操课以及礼仪实践课等。此外，专业类专题实训集中在酒店管理、导游业务、会展管理等几个细分专业方向上，主要指的是导游业务实训、酒店服务实训、社交礼仪实训、营销计划方案设计、展台设计等实践教学环节。

（三）准提升，极致创新实践

田野思政理念下的实践教学阶层式课程体系的提升层课程设计以研究创新与专业实践为主，旨在总结基础层与发展层课程的实践效果，增强学生的课程参与性，对学生综合创新能力进行极致化提升。这一课程模块涵盖学术论文、项目竞赛、毕业实习三类，如大学生自主科研活动、学科竞赛、认知实习与论文研究、大学生创新创业训练计划项目、校外科研实践教学活动等。这一层次的实践教学活动具有发现性、探索性、创新性和个性化，是教学与科研的结合，目的是激发学生学习兴趣，以及调动学生的主动性和创造性。在此基础上，与校外企业合作，搭建"创新创业实训基地"平台，为学生创新创业实践提供有效途径。论文研究是学生完成专业学习的必要环节，也是学生专业学术实践的重要路径，针对学生的专业导向，立足于相关领域市场需求与学术研究的前沿热点进行选题，通过参与项目实现在理论研究上的创新。

二、实践教学思政资源挖掘

专业课程中的思想政治教育资源，是指教师在教学过程中为实现课程教学目标所运用的思想政治教育素材。这些素材可以通过两种方式呈现在教学过程中，一是发掘专业知识体系本身蕴含的思政元素，融入教学过程各环节；二是通过一定的教学方式，将专业知识体系之外的思想政治教育资源有效融入教学过程，使两者有机结合，实现育人目标。

旅游管理因其独特的学科功能及属性，与课程思政有着天然的紧密关联。在实践教学中旅游管理有着学科自身的政策驱动、需求动力与资源优势。对于旅游管理专业实践教学而言，坚持知识传授和价值引领相统一、坚持显性教育和隐性教育相统一是两个基本原则。立足于高校自身的办学历史、学科特色、发展定位，围绕人才培养目标与任务，利用好优势学科专业资源是基本方针。在此基础上，本研究认为可以从学科视角、思政视角两大维度，从理论资源、历史资源、社会资源和信息资源四个方向深入挖掘旅游学科的思政教育元素，并融入实践教学体系全过程、全链条（见表6-1）。

表6-1 实践教学思政资源挖掘路径

专业人才培养目标	挖掘视角	课程思政元素	思政目标
培养信念坚定、知行合一，旅游基础知识扎实、实践能力强，具有社会责任感、创新创业精神，能在旅游行业从事旅游管理、旅游策划与规划、旅游信息化等方面工作的高素质、应用型专门人才	学科视角	重要人物	提升人格修养，树立远大理想，培养科学精神
		关键事件	以古鉴今，熟悉行业
		人文精神	提升文化素质，塑造精神品格，促进自主发展
		行业时事	社会责任，行业规范
		专业认同	扎实学识，专业认同，追踪前沿
	思政视角	大德	家国情怀，政治认同，法律规范
		公德	传统文化，社会责任，行业规范
		私德	职业操守，仁爱之心，诚信友善

（一）理论资源

立足专业课程本身，根据课程的学科特点、专业特色、课程背景，落实习近平总书记关于旅游业的相关论述，挖掘专业课自身在专业领域、学科特色、呈现精神、典型人物与事件等方面，可以转化为引导大学生认知、激发大学生情怀的育人资源和育人元素。党的十八大以来，习近平总书记高度重视文化和旅游工作，作出一系列重要论述和指示批示（见表6-2）。习近平总书记在对旅游业发展的相关论述和施政举措中，从旅游经济、旅游文化、旅游环境、旅游产业、旅游外交等诸多方面，指导和引导着习近平新时代中国特色社会主义旅游事业的转型升级，遵循着实现"人民对美好生活的向往"这一宗旨。

在现代经济发展中，旅游业已经远远超出了原有的范畴，广泛地涉及娱乐、餐饮、交通、文化、工业、农业、商贸、建筑等产业，成为一种综合性的经济形态。习近平总书记指出："旅游是综合性产业，是拉动经济发展的重要动力。旅游是修身养性之道，中华民族自古就把旅游和读书结合在一起，崇尚'读万卷书，行万里路'。"关于文化和旅游业的相关论述涉及第一产业、第二产业、第三产业等众多产业业态，主题涉及乡村旅游、红色旅游、文物保护、非遗传承、生态旅游、旅游外交、人民精神生活等多方面，这些都是旅游管理专业田野思政的核心内容与基本遵循。

表 6-2　习近平总书记关于文化旅游工作重要论述摘编

主题	言论内容
文化建设	我们必须坚定历史自信、文化自信,坚持古为今用、推陈出新,把马克思主义思想精髓同中华优秀传统文化精华贯通起来。
	要深入了解中华文明五千多年发展史,把中国文明历史研究引向深入,推动全党全社会增强历史自觉、坚定文化自信,坚定不移走中国特色社会主义道路,为全面建设社会主义现代化国家、实现中华民族伟大复兴而团结奋斗。
文物保护非遗传承	坚持正确政治方向,坚定文化自信,深化学术研究,创新展览展示,推动文物活化利用,推进文明交流互鉴,守护好、传承好、展示好中华文明优秀成果,为发展文博事业、为建设社会主义文化强国不断作出新贡献。
	要扎实做好非物质文化遗产的系统性保护,更好满足人民日益增长的精神文化需求,推进文化自信自强。
	要以增强认同为目标,深入开展文化润疆。要加强非物质文化遗产保护传承,把各民族优秀传统文化发扬光大。
	要运用现代科技手段加强古籍典藏的保护修复和综合利用,深入挖掘古籍蕴含的哲学思想、人文精神、价值理念、道德规范,推动中华优秀传统文化创造性转化、创新性发展。
旅游外交	拓展人文领域交流合作,如办好中外文化和旅游年、加快互设文化中心、互办文艺演出及展览等,增进民心相通、惠及各国人民。
	在致"意大利之源——古罗马文明展"开幕式的贺信中指出,希望"中国意大利文化和旅游年"以此为契机,推动文明交流互鉴,促进民心相连相通,为中意两国关系发展注入新活力。
乡村旅游	新时代的乡村振兴,要把特色农产品和乡村旅游搞好,你们是一个很好的样子。
	把广大农民对美好生活的向往化为推动乡村振兴的动力,把维护广大农民根本利益、促进广大农民共同富裕作为出发点和落脚点。
红色旅游	革命博物馆、纪念馆、党史馆、烈士陵园等是党和国家红色基因库。要讲好党的故事、革命的故事、根据地的故事、英雄和烈士的故事,加强革命传统教育、爱国主义教育、青少年思想道德教育,把红色基因传承好,确保红色江山永不变色。
	革命传统资源是我们党的宝贵精神财富,每一个红色旅游景点都是一个常学常新的生动课堂,蕴含着丰富的政治智慧和道德滋养。
生态旅游	绿水青山就是金山银山。
	走向生态文明新时代,建设美丽中国,是实现中华民族伟大复兴的中国梦的重要内容。
	要坚定不移把保护摆在第一位,尽最大努力保持湿地生态和水环境。

（二）历史资源

中共中央、国务院办公厅印发的《关于实施中华优秀传统文化传承发展工程的意见》指出，中华优秀传统文化是在漫长的历史进程和不断演化中逐渐形成的，积淀着中华民族最深沉的精神追求，代表着中华民族独特的精神标识，更重要的是，中华优秀传统文化蕴含着丰富的道德理念和规范，体现着评判是非曲直的价值标准，潜移默化地影响着中国人的行为方式。中华优秀传统文化源远流长、博大精深，是中华民族在长期的社会实践活动中所创造的物质文化和非物质文化的总和。其中，物质文化包括显性的、有形的器物文化，例如建筑、雕塑、书籍、画作、园林景观等，是一个民族政治、经济、社会、文化发展的传承载体；而非物质文化则主要表现为隐性的、深层次的伦理道德、社会心理、风俗习惯、价值观念、审美情趣，以及一个民族的行为方式、心智状态等。

旅游学科兼具政治、社会、经济、文化属性，肩负着文化、文明传承的历史责任。中华五千多年历史文化的不间断传承和发展，旅游资源得天独厚。文化是灵魂，旅游是载体。上下五千多年中华优秀传统文化是旅游教育取之不竭的文化源泉。

将中华优秀传统文化融入田野思政实践教学，既可以丰富课程思政的元素，让学生在了解我国文学、建筑、雕塑、绘画、习俗等相关知识，汲取其所蕴含的传统道德与价值观，感受中华优秀传统文化的独特魅力；也能让学生在涵盖哲学、法学、文学、心理学、美学、艺术学、历史学等学科知识的专业实践课堂上，感受到趣味性、人文性、知识性，以及人文精神与科学精神的相互传递，继而达到坚定价值取向、扩大视野、开拓思维、陶冶情操的目标。除了中华五千多年的优秀传统文化，开展田野思政实践教学还可以从红色基因中提炼育人资源，例如延安精神、长征精神、大别山精神，历代伟人英雄事迹、红色遗址遗迹等，在适当的时机有机融入专业课程中，引导大学生树立正确的理想信念，践行中华优秀传统文化中所蕴含的正确的道德观、价值观，从而树立正确的三观，形成良好的行为习惯，成为担当民族复兴重任的时代新人。

（三）社会资源

华中师范大学副教授陈华洲的学术专著《思想政治教育资源论》一书中，按存在形态，把思想政治教育社会资源分为主体资源、群众资源、文化资源、科技资源和信息资源五大类。何沙把高校思想政治教育社会资源分为地域文化资源、家庭资源、社区资源和舆情资源四大类。他认为这四大类并不一定就能完整地覆盖所有可利用的社会资源，但应该是目前高校思想政治教育可以利用的、主要的社会资源。本研究认为社会资源主要包括社区资源、时事资源、地域文化资源。

社区资源即利用社区环境开展养老育幼、环境治理、文明旅游宣传、垃圾分类、环境保护等社会志愿服务活动。社区服务作为大学生认识社会、服务社会的窗口已经被广大青少年所接受。社区为大学生群体提供了一个接受锻炼的、不可缺少的大舞台，社区也日益成为大学生成长的重要辅助环境。通过组织大学生团队到社区进行参观、学习，利用社区的党组织活动和社区宣传教育活动，可以让大学生更深入地了解社区文化，培养大学生适应社区生活的能力，提高大学生的公民意识和道德品质。2023年中亚峰会、2023年杭州亚运会、脱贫攻坚、乡村振兴等等都是课程思政育人最生动的现实素材，也是身边的社区资源和时事资源。用好用活社会资源，利用好区位优势，将地方特色文化融入课程思政育人当中，同时利用好重大事件和社会热点事件等时事资源来开展实践活动，积极培育和践行社会主义核心价值观，引导学生成为精神文明的践行者。

（四）信息资源

互联网时代，各种新兴媒介穿过大学校园的围墙渗透到大学生学习、生活的各个角落，把各种各样的价值观念、理论观点、文化类型、生活方式展现在大学生面前，改变着大学生的思维方式，进而影响他们的行为。因此我们要用好互联网平台信息资源，充分发挥网络信息资源共享、教学资源丰富的优势，利用好中国大学MOOC、学银在线、超星、学习强国、网易公开课等在线平台的网络资源，同时还可以运用大数据手段精准了解大学生在微博、抖音、B站等App中感兴趣的信息，预测其需求，有针对性地开展课程育人。例如"大学生特种兵"兴起、"淄博网红城市打造"等等鲜活的互联网案例，让Z世代旅游消费行为特征彰显无遗。通过网络数据展现的人物画像，针对性地融入思政育人元素，会使得案例实践教学效果事半功倍。

第三节 专业课程田野思政实践教学案例

目前大多数高校旅游管理专业教学计划内的课程设置主要包括三大平台，即通识教育平台、专业教育平台和实践教学平台。其中通识教育平台包括通识课程与公共基础课程；专业教育平台包括学科基础课、专业必修课和专业方向课；实践教学平台包括集中实践教学和课外创新实践。本研究融入"将田野带入课堂""将学生置于田野"两种田野思政课程实践教学理念，贯彻"创设情境—项目探究—任务实践"三维"田野式"项目教学法，结合不同课程特点、思维方法和价值理念，注重知识传授、能力培养与理想信念、价值理念、道德观念教育的协调发展，始终围绕立德树人根本任务，挖掘课程中的德育、美育元素，将思想政治教育和人文教育贯穿课程教学的始终，将思政教育落实到课程目标和教学内容中。

一、"旅游学概论"实践教学思政设计思路

（一）课程简介

"旅游学概论"是旅游学科最具综合性和统领性的基础理论课程，是高等院校旅游类学科的专业主干课，授课对象为旅游学院各专业全体新生。通过本课程的学习，学生可以系统了解旅游活动的本质与发生发展规律，旅游活动实现和优化的条件，以及旅游所引发的对经济、文化与生态环境的影响。学生应掌握旅游与旅行、休闲等相近概念的关系，理解旅游统计范畴，能够运用旅游本质、旅游需求、旅游体验、旅游业、旅游吸引物、旅游市

场、旅游影响等基本概念和理论,分析主要的旅游现象和问题,为以后各旅游相关学科的进一步学习研究和工作奠定理论基础。

(二)课程目标

本课程为学科基础课程。通过本课程的学习,学生能够达到以下目标(见表6-3)。

表6-3 "旅游学概论"课程目标

目标维度	目标内容
知识	以"旅游是什么、旅游为什么、旅游怎么办、旅游会怎样"作为旅游学体系脉络主线,递进学习相关知识点;掌握并熟悉旅游学研究领域的基本概念、基础知识、基本理论和旅游学研究的基本方法,掌握一些重要的旅游组织,旅游对于社会、文化、经济和环境的影响以及旅游可持续发展的基本内容。
应用	正确认识和了解旅游及旅游学科,树立牢固的旅游专业思想和专业思维,学会运用旅游学的基本理论来分析问题、解决问题。
整合	学生能够结合本课程各个章节的授课内容,基于曾经的旅游阅历以及之前学习过的其他专业知识,整合评价当下旅游活动开展过程中呈现的复杂的专业问题且可以提出较为精准的解决方案。
情感	在教学进行过程中,为学生们搭建团队协作的平台,学生通过参与协作学习,培养团队合作意识,能够就具体学习过的章节知识点展开调研并撰写小组报告。
价值	学生能够运用旅游学科前沿的理论,深入挖掘因旅游活动的展开而导致的多方面积极和消极的影响,明确旅游活动的展开与发展必须遵循可持续发展的原则,潜移默化地与思政元素点相融合,把学生培养成有理想、有道德、有担当的旅游应用型人才。
学习	学生能够利用MOOC、微课等线上学习的课程和资源,对课堂及课堂以外的学习形式开展自主学习,提升自主学习能力。

(三)田野思政教学设计

围绕"课程知识点、思政设计、授课方法、思政育人目标"四个层次,开展资料查阅、案例启发、小组讨论、辩论等多种教学形式,充分挖掘思政元素实施课堂教学,助力学生树立正确的世界观、人生观、价值观,有效培养学生的爱国情怀和文化自信(见表6-4)。

表 6-4 思政设计与融入点

课程知识点	思政设计	授课方法	思政育人目标
旅游发展史	（1）从历史唯物主义角度介绍旅游发展的三个阶段；（2）分享张骞出使西域、郑和下西洋、徐霞客游历祖国河山等旅行家的人生故事；（3）介绍近代爱国人士出国考察旅行和求学的事迹；近代旅游业先驱托马斯·库克等人的创业历程；（4）邓小平同志"黄山讲话"及其对我国旅游业发展的意义等。	案例教学法 BOPPPS教学法 任务驱动法	（1）感知先辈开拓创业、敢为人先、敬业奉献、科学探索等伟大精神；（2）热爱祖国、增强民族责任感与使命感，树立保护弘扬传统文化意识，坚定文化自信。
旅游资源	（1）观看优秀旅游类节目视频：《远方的家》《非遗里的中国》等；（2）以"红色旅游"或"我爱我的家乡"为主题，进行社会调研，并绘制某地的简易版旅游地图；（3）集体前往国家湿地公园东湖进行实地参观和田野调查，从切身体会中，解读习近平总书记关于"绿水青山就是金山银山"生态文明思想内涵，分享生态旅游规划建设项目。	案例教学法 任务驱动法 翻转课堂	（1）激发民族自豪感，培养旅游审美意识和能力，树立生态文明思想意识；（2）爱国主义价值引领、责任担当，树立弘扬传承红色文化意识。
旅游业	（1）从旅游供给侧结构性改革、时代背景对旅游业的深刻影响等方面，设置热点话题讨论，如你怎么看待"十四五"时期我国酒店业的复苏与振兴。（2）关注我国知名旅行社、旅游饭店民族品牌的崛起；（3）指导学生参加各级导游大赛，以"大学生创新创业训练计划""互联网+""挑战杯"等各大竞赛为平台指导学生创作完成参赛作品。	对分课堂 案例教学 项目驱动法	（1）与时俱进，学以致用，能够用辩证和发展的眼光看待旅游业发展问题；（2）激发对旅游事业的热爱，增强旅游职业素养。
政府调控与旅游组织	（1）案例分析：我国的旅游国际地位，成立的"旅游城市联合会""世界旅游联盟"两大国际旅游组织的意义；（2）各级政府在"惠民"旅游协调中发挥的主导作用。话题讨论：公共节假日高速免费用意何在，有哪些积极影响。	对分课堂 案例教学	（1）爱国主义价值引领；（2）责任担当。
旅游影响	引入"两山"理论、乡村振兴、旅游扶贫、可持续发展等热点案例分析。	案例教学法 BOPPPS教学法	（1）强化人类命运共同体意识，践行推动绿色发展、可持续发展使命感及责任感；（2）用唯物辩证法的观点去分析旅游问题。

二、"导游基础知识"实践教学思政设计思路

（一）课程简介

"导游基础知识"是旅游管理专业必修课，是一门知识性、实践性较强的综合课，也是全国导游资格证考试的必考科目。教学内容有文史知识、园林文化、古建筑、饮食文化、风物特产、主要客源国概况等。导游人员只有具备了扎实的导游基础知识，才能自信讲解，才能担任祖国文化的传播者和祖国河山的代言人。

（二）课程目标

通过本课程的学习，学生能够达到以下目标（见表6-5）。

表6-5 "导游基础知识"课程目标

目标维度	目标内容
知识	（1）能够运用中国历史文化、各类景观、民俗等知识，分析旅游景点的特点和文化价值、思想内涵；（2）能够根据不同的旅游对象特点和需求，创作、撰写导游词，能提供针对性的导游讲解。
能力	（1）能够对不同旅游景观和民俗文化进行赏析，具备审美能力；（2）能够具备向游客传达、弘扬工匠精神、中国传统文化思想的优秀品质；（3）培养学生一丝不苟、精益求精的匠人精神；（4）践行"旅游为本，服务至上"的旅游行业核心价值观。
素质	使学生通过学习能综合运用所学理论知识分析旅游中的实际问题，具有解决旅游实际问题的素质和能力。

（三）田野思政教学设计

对标专业建设目标，对标行业对导游员的政治思想、职业道德素养、职业能力的要求，围绕教学内容，深入挖掘思政元素，重点培养导游员的爱党爱国精神、"四个自信"、大国工匠精神、家国情怀等思想素养，以达到培养学生树立正确的思想政治意识、丰富的理论知识和扎实的专业技能的教学目标（见表6-6）。

表 6-6　思政设计与融入点

项目名称	主要内容	思政映射与融入点	教学方法
中国历史文化	中国历史发展脉络，著名古代文化遗址遗迹，中国历史各阶段的主要成就、主要科技发明	让学生了解我国历史，展示出中华民族坚毅顽强、奋发进取的强大生命力，加强学生的民族自豪感。作为祖国文化的传播者，应该熟悉祖国的历史和文化，在导游工作中进行热情、正确的传播。	让学生提前查阅资料，采用视频、PPT、案例分析、小组讨论的方式，回顾中国发展历程。
中国建筑艺术	古建筑概述	中国古建筑是适用性与美观度的统一。高超的建筑技艺和不朽的艺术价值，充分显示出古代劳动人民的智慧和力量，以此激发同学们的文化自信情怀。	课上采用视频、PPT、案例分析、小组讨论，课下通过认识性实习和体验性实习实地观看建筑，让学生对建筑有更多的感性认识。
中国园林艺术	中国古典园林的起源和发展、特色和分类，以及代表性园林	让学生能根据课本知识，充实、丰富导游词，从而领略园林之美，保护我们的家园。	学生提前查阅资料，实地前往武汉园博园，视频播放南北风格特异的园林纪录片，并采用PPT、案例分析、小组讨论的方式，对中国园林有更深刻的认识。
中国饮食文化	中国烹饪主要风味流派的渊源、特色及其有代表性的名菜、名点	通过中国饮食风物特产知识这一窗口，用事实展现中华灿烂、悠久的历史文明和中华民族的高度智慧，激发学生民族自豪感，培养其热爱中华、继承宝贵文化遗产、不断开拓进取的优秀品质。	提前布置学生搜集、浏览网站，观看纪录片，如《人生一串》《风味人间》等，并采用PPT、案例分析、小组讨论的方式，让学生对中国饮食文化有更深刻的认识。
中国传统工艺美术	中国陶瓷器及宋代五大名窑	体会祖国古代的灿烂文化，培养对陶瓷文化以及其他传统文化的兴趣，激发学生的民族自豪感和爱国主义情怀，并能在导游工作中向旅游者传播中华民族优秀的传统工艺品。	采用视频、PPT、案例分析、小组讨论的方式，让学生对中国陶瓷文化等传统文化有更深刻的认识。
中国民族与宗教	中国民族民俗、宗教政策和四大宗教的基本知识	通过中国民族民俗知识，让学生认识到我国民族政策的重要，进一步激发学生的爱国热情。了解中国四大宗教基本知识，掌握马克思主义宗教观和党的宗教政策。	提前布置学生搜集、浏览网站，课上采用视频、PPT、案例分析、情景教学和小组讨论等方式，观看少数民族传统节日表演，激励学生模仿，让学生对少数民族有更感性的认识。

(续表)

项目名称	主要内容	思政映射与融入点	教学方法
中国旅游景观	中国各类自然旅游资源的特征及其代表景观	通过中国旅游景观知识，让学生能够根据课本知识，写出旅游景观导游词，领略祖国山河之美，做好祖国河山代言人，提高环境保护意识。	提前布置学生预习相关内容，如中国地理的相关知识等，课上采用视频、PPT、案例分析、小组讨论等方式，课下通过认识性实习，参观武汉晴川阁，结合相关资料创作导游词，进行现场讲解。

说明：

（1）思想政治教育的融入点：描述课程教学中能将思想政治教育内容与专业知识技能教育或通识教育内容有机融合的领域。

（2）思想政治教育目标：描述每个融入点在社会主义核心价值观、中华优秀传统文化、中国特色社会主义"四个自信"（道路自信、理论自信、制度自信、文化自信）、环保意识、人文情怀、工程伦理、工匠精神等等某个或多个方面的教育目标。

（3）教学方法/手段：参观体验、课堂讨论、情境教学等。

三、"导游业务"实践教学思政设计思路

（一）课程简介

"导游业务"是一门应用性和实践性极强的学科。通过本门课程的学习，学生对导游服务工作的基本情况、服务程序与规范熟练掌握，能对导游服务中出现的主要问题事故及旅游者个别要求做出准确处理。"导游业务"主要培养地方陪同导游员、全程陪同导游员、海外领队和景点导游员等所需的综合业务能力与素质。该课程对培养学生的导游服务能力、带团技能、讲解技能、应变能力及职业素养起主要支撑作用。学习本课程，要求理解导游服务的原则，领会导游人员的素质要求与修养，掌握导游服务程序及服务质量要求，掌握导游业务的相关知识及基本技能，提高导游服务的水平。

（二）课程目标

通过本课程的学习，学生能够达到以下目标（见表6-7）。

第六章 旅游管理专业实践教学课程育人塑造工程

表6-7 "导游业务"课程目标

目标维度	目标内容
知识	掌握景区导游、地陪、海外领队、散客导游、全陪等带团流程和带团技巧，能够为旅游团（者）提供景区导游及讲解服务。
能力	培养学生的团队协作能力，能够及时与游客和其他导游进行良好沟通；培养学生的应变能力，能及时地处理带团中发生的各种突发问题；培养学生的观察能力和服务能力，能够及时发现游客的需求，并有针对性地提供个性化、周到、快捷的服务；培养学生的管理能力，能够较好地管理好团队，及时解决团队中出现的各种问题。
素质	培养学生强烈的爱国主义意识，使学生了解导游服务在现代化社会中的地位和作用，激发学生热爱祖国、热爱人民的民族精神。
	培养学生集体主义思想和乐意为人服务的品质，让学生意识到导游人员是处在旅游接待工作集体中的一员，必须从这个集体的利益出发，团结协作，才能圆满完成接待任务。
	培养学生热爱旅游事业和尽职尽责的职业精神，引导学生树立远大的理想，将个人的抱负与事业的成功紧密结合起来。
	培养学生养成高尚的情操和正派的作风；引导学生通过不断的学习，提高思想觉悟，增强自身的是非观、善恶观、荣辱观；自觉抵制各种"物质诱惑"和精神污染；做到作风正派，成为社会主义精神文明建设的先锋。
	培养学生严于律己、遵纪守法的职业习惯。

（三）田野思政教学设计

在"导游业务"的课程标准中，教学内容所融入的思政元素除了社会主义核心价值观教育、法治教育、劳动教育、心理健康教育、中华优秀传统文化教育等思政内容外，还包括团队意识、终身学习、历史使命与社会责任感、红色精神、生态文明、工匠精神等（见表6-8）。

表6-8 思政设计与融入点

项目名称	思政映射与融入点	思政教学环节设计	授课形式与教学方法
导游	旅游行业核心价值观；家国情怀；法制教育；心理健康教育；团队意识；终身学习；历史使命与社会责任感	优秀导游服务视频；优秀导游服务案例讨论；"我爱我的家乡"课堂演讲	讲授法；小组讨论法；案例教学法；优秀导游示范；任务导向法

（续表）

项目名称	思政映射与融入点	思政教学环节设计	授课形式与教学方法
导游服务	游客为本，服务至诚教育；法制教育；心理健康教育；劳动教育终身学习；历史使命与社会责任感	世界旅游业发展视频；导游服务案例分析；"最美中国"课前五分钟讲解	讲授法；案例教学法；任务导向法
团队导游服务规范	游客为本，服务至诚教育；劳动教育；终身学习；历史使命与社会责任感；中华优秀传统文化教育；工匠精神；红色精神；生态文明	地方景点优秀导游讲解视频；导游服务案例分析；3D模拟讲解；校园导游、校史馆讲解；旅游景区（地方博物馆）志愿者讲解	讲授法；案例教学法；3D模拟导游讲解；小组合作法；任务导向法；第二课堂及校外实践
对旅游者个别要求及事故的处理	游客为本，服务至诚教育；身心健康教育；劳动教育；历史使命与社会责任感；合作意识；勇于担当；终身学习	旅游事件处理案例分析；课堂情景表演；"旅游业热点事件"课前五分钟演讲	讲授法；案例教学法；小组合作法；任务导向法
导游带团技能及讲解方法	游客为本，服务至诚教育；身心健康教育；劳动教育；历史使命与社会责任感；合作意识；终身学习；尊老爱幼；中华优秀传统文化教育；工匠精神；生态文明教育	全国导游服务技能大赛一等奖现场讲解视频；"金牌导游进校园"讲座；导游服务案例分析；省内博物馆专家讲座；省内旅游景区实践讲解	讲授法；案例教学法；小组合作法；任务导向法；第二课堂及假期校外实践
导游服务的相关知识	游客为本，服务至诚教育；劳动教育；终身学习；中华优秀传统文化教育；创新精神教育；礼仪礼貌教育	教师布置任务，小组合作查找相关资料，进行汇报	讲授法；小组合作法；任务导向法

四、"旅游市场营销"实践教学思政设计思路

（一）课程简介

"旅游市场营销"是旅游管理专业的一门专业必修主干课程。市场营销

是旅游管理的核心，也是决定旅游企业经济效益与市场竞争实力大小的关键。正确掌握和运用旅游市场营销理论，对旅游业的生存与发展起着决定性的作用。旅游市场营销课程正是一门建立在其基础上的专门研究现代旅游市场营销活动规律的综合性应用科学。课程介绍了国内外旅游市场营销理论研究成果和实际案例，注重理论和实践相结合。通过系统学习，学生能够熟悉和掌握旅游市场营销的基本原理和基础知识，为今后涉足旅游业或其他服务行业打下良好的基础。

（二）课程目标

本课程的思政教学目标是最大程度地发挥学生的主动精神、团队意识和创新创业能力。在教学时，结合市场调查、营销方案策划、短视频创作等项目任务内容，进行职业道德教育、传统文化教育和创新创业教育。教师作为课堂的组织者、指导者和促进者，积极发挥模范带头作品，利用情境、协作、提问、会话等方式，充分发挥学生的主动性和积极性，帮助大学生提升协作精神、人文素养、创新意识和职业道德。

（三）田野思政教学设计

围绕"教学内容—课程思政点—思政育人目标"三个步骤，通过多媒体授课、超星学习通量化考核，采用田野调查、实地演练、集中讨论、分组执行、集中展示等方法开展实践教学（见表6-9）。

表6-9　思政设计与融入点

教学内容	课程思政点融入	思政育人目标
营销认知	（1）通过"入坑式营销手段"和"积极营销手段"的对比分析，进行正面营销手段的引导，融入是非观教育；（2）以营销观念的时间发展为轴线，融入国家、社会、个人层面的核心价值观教育	树立正确的是非观；培养社会责任感
营销调研	（1）通过旅游市场营销环境分析，融入文明道德规范教育；（2）通过对购买决策过程的分析，融入关于游客及从业人员的心理健康教育；（3）通过调查方法及技巧的训练，强化学生的社会实践能力，开展职业道德教育	认识企业对环境的适应性及能动性；掌握调节情绪的方法与手段；正确认知调研人员的职业技能和素养

(续表)

教学内容	课程思政点融入	思政育人目标
营销战略	（1）通过市场细分、目标选择、市场定位三个环节的实践教学，融入敬业教育；（2）通过国内外旅游企业品牌战略的对比分析，融入大学生爱国教育	树立爱岗敬业的信念；坚定理想信念；建立民族自信心，树立文化自信
营销策略	（1）通过旅游产品的生命周期及新产品策略的学习与实践，融入爱国教育；（2）通过不同企业、不同产品的价格案例及策略分析，融入关于价格的法制教育；（3）通过直接及间接营销渠道的教学内容教授，融入创新教育；（4）通过不同方式的促销案例及策略讲授，融入创新创业教育	树立爱护环境、保护环境的观念；帮助学生建立起对法律条规的敬畏心；训练创意能力，同时增强爱国敬业的信念；训练学生的创新意识与创新思维
营销管理与实践	（1）重点进行红色旅游文化营销的内容学习，融入传统文化教育；（2）通过服务营销案例的学习，帮助学生掌握正确的服务技能，融入敬业教育；（3）通过正反面"抖音营销"案例的对比分析，融入职业道德教育；（4）通过营销方案写作的训练，融入大学生的创新创业教育	培养与加固学生的家国归属感；建立起对旅游服务工作的热情。建立传播本土文化的宣传意识，加强爱党爱国的理想信念；通过营销方案写作的训练，融入大学生的创新创业教育

五、"酒店管理概论"实践教学思政设计思路

（一）课程简介

"酒店管理概论"是酒店方向开设的一门必修专业核心课程，是教育部专业教学质量评价标准中的核心课程，具有课程内容宽泛、知识面广、与实际工作联系紧密的特点。课程围绕"酒店管理业务流程"，涉及酒店品牌管理、酒店产品质量、三大主营业务部门管理、酒店人力资源管理和酒店市场营销等内容，注重学生酒店服务意识、酒店技能操作和酒店服务管理能力的提升，培养学生的国际视野、责任担当、职业道德和民族自豪感。

（二）课程目标

通过本课程的学习，学生能够达到以下目标（见表6-10）。

表 6-10 "酒店管理概论"课程目标

目标维度	目标内容
知识	掌握什么是酒店、酒店业经历了怎样的发展、酒店业的类型与等级、酒店业目前出现了哪些新业态和新趋势、什么是酒店集团、世界知名酒店集团有哪些、酒店业务设置依据及常规的业务设置内容、酒店的组织结构及管理制度、酒店服务与服务质量管理等。
能力	锻炼自主获取酒店管理新知识、新技术的能力,查阅各种媒体资源和信息的能力,熟练使用计算机及办公软件制作各类工作计划、工作报表的能力,分析问题、解决问题的能力,自我管理及团队协作的能力,语言表达与人际沟通能力等。
素质	发掘课程专业知识中的民族自强、地域文化、行业典范、行业前沿、工匠精神等元素,激发学生奋斗不屈的家国情怀、协同合作的团队精神、改革创新的时代精神、坚定不移的职业信念、爱岗敬业的职业品德、公正严谨的职业态度、志存高远的职业理想等。
	充分调动学生项目团队的积极性和参与度,培养学生的团队信任感和凝聚力,逐渐建立学生行业信心和职业信念。

(三)田野思政教学设计

将思政元素与学科教学有机融合,将国家大义、地域文化、行业典范、行业前景、工匠精神等内容融入教学过程中,在团队学习及任务活动中,通过"听、学、做、讲、论"等方法,锻炼和提升学生的"信任、信心、信念"(见表6-11)。

表 6-11 思政设计与融入点

教学内容	主要内容	课程思政点融入	思政教学环节设计
酒店业概况	(1)酒店概念 (2)酒店业发展历程	融入点:中西方酒店发展历程的对比分析 思政元素:民族自强与家国情怀	通过教师讲授,使学生感悟中国酒店业在崛起和发展中的不屈与进取精神,胸怀民族自强意识,树立民族品牌发展信念,增强民族自豪感和爱国情怀
酒店分类业态	(1)酒店类型与等级 (2)酒店新业态	融入点:以武汉市五星级酒店分布及其原因分析为任务驱动,学生以团队为单位,探究武汉高星级酒店发展现状,并分析各酒店的类型及特征 思政元素:地域特色与团队精神	将所学理论进行知识内化与实践应用,充分融合武汉地域文化特色,并且在项目过程中,充分提升学生的批判性思维能力、解决问题的能力、自我管理和团队协作的能力,最大限度激发团队精神和集体荣誉感

（续表）

教学内容	主要内容	课程思政点融入	思政教学环节设计
酒店集团	（1）酒店集团 （2）世界著名酒店集团	融入点：中外著名酒店及品牌发展 思政元素：行业典范与职业信念	解读中外著名酒店集团及其品牌扩张案例，认识行业典范，了解行业标杆，从而树立专业高度和职业发展的方向，培养学生热爱所学专业的行业自信心和职业信念
酒店业务管理	（1）酒店业务设置依据 （2）酒店业务范围	融入点：酒店业务设置之"关于酒店是否应该设置携带宠物入住业务的辩论" 思政元素：行业前沿与改革创新	通过班级辩论赛的形式，使学生辩证看待宠物入住业务的利弊，分析该项业务设置与否的依据，提高学生洞悉行业发展前沿趋势的敏锐度，培养学生改革创新的时代精神。同时，利用宠物可爱的形象，吸引学生感受酒店行业中的人情味，感受酒店服务的温度
酒店的组织管理	（1）酒店组织结构形式 （2）酒店管理制度	融入点：酒店的组织结构与岗位设置 思政元素：工匠精神与职业道德	通过案例，使学生了解酒店的岗位设置与不同岗位的任职要求，培养学生追求卓越、精益求精的工匠精神意识，树立学生爱岗敬业、无私奉献、遵规守纪的职业品德，帮助学生厘清职业发展方向和职业规划，增强学生的职业责任感
酒店服务质量管理	（1）酒店服务 （2）酒店服务质量 （3）酒店服务质量管理	融入点：酒店服务质量管理方法与评价 思政元素：两性一度与职业态度	翻转课堂与PBL教学法相结合，通过对酒店业服务质量的调查分析，考验并锻炼学生的自主学习能力、分析思考能力、团队协作能力、创新能力、解决问题能力，培养学生的实事求是、公正严谨的职业态度
酒店认知性实践	（1）酒店部门构成 （2）酒店服务标准	融入点：酒店认知性实践 思政元素：行业认知与职业理想	参观高星级酒店，通过实地体验考察，使学生直观感受酒店业态，熟悉酒店的基本功能和结构布局，了解酒店的性质和特点，认识酒店的部门和岗位，树立行业信心，引导学生制定职业发展规划，提高专业学习热情

六、"会展策划与管理"实践教学思政设计思路

（一）课程简介

"会展策划与管理"是会展方向的一门专业必修课程，是旅游管理专业的主干课程之一。通过本课程的学习，使学生掌握会展产业、企业与项目管理的基本理论、基本程序与基本方法，对会展管理活动的起源与发展有一个比较概括的了解，对于会展项目有充分的认识，熟悉会展策划的主要内容和基本流程，从而扩大学生的视野，增强学生的能力和素质，为学生今后从事会展相关工作打下坚实基础。

（二）课程目标

通过本课程的学习，学生能够达到以下目标（见表6-12）。

表6-12　"会展策划与管理"课程目标

目标维度	目标内容
知识	使学生系统地掌握会展的基本概念和基本理论；了解会展业的历史、现状和发展趋势；熟悉会展活动的策划、组织实施、宣传推广和总结评价等基本环节的内容；掌握会展招商、招展的相关内容及技巧；掌握会展现场管理的基本流程和原则；掌握会展服务的相关内容；掌握会展营销与策划的方法。
能力	具有撰写各类会展活动的接待与管理策划文案的能力；能有效地开展各类会展接待活动中的餐饮、住宿、物流、交通、商务、后期安全等服务；能有效地进行会展客户关系管理；能进行各种会展活动的策划和实施；能根据不同的主题策划各类会展活动；具备终身学习的能力和积极进取的精神。
素质	树立正确的政治理想和政治道德；培养学生文化自信；普及人文精神和科学精神；在实训中侧重培养团队协作精神以及对他人的尊重；具备严谨细致的工作作风，诚实、可靠，吃苦耐劳。

（三）田野思政教学设计

把"价值观塑造和创新思维养成"作为思政主线，将党和国家领导人、国家有关部门关于会展的重要指示与文件精神，以及会展作为主场外交主要载体在参与国际治理、推动国际秩序变革、打造人类命运共同体，贡献中国智慧、中国方案，展示道路自信、理论自信、制度自信和文化自信等方面的

思想有机融合，并结合"一带一路"倡议等，培养学生良好的人文素质（见表6-13）。

表 6-13 思政设计与融入点

教学内容	课程思政点融入	思政教学环节设计
会展概要	（1）通过北京冬奥运会、上海世博会、杭州亚运会的成功举办案例，分析会展发展历程、会展故事、会展文化；（2）案例：第十九届深圳文博会讲解，展现文化自信、创新精神；（3）分析我国著名的品牌会展，如博鳌亚洲论坛、青岛啤酒节、广交会等案例，展示会展对于国家经济发展的推动作用。	（1）案例分析：通过 2023 年杭州亚运会成功举办案例，分析出圈场景，感受中国传统文化在国家赛事设置中的融入和传播；（2）课堂实训：观看第十九届深圳文博会相关视频，并查阅资料，了解文博会发展背后的故事；（3）翻转课堂：选取某一著名的品牌会展，如博鳌亚洲论坛、青岛啤酒节、广交会等案例，分小组讨论"会展如何推动国家经济发展"，并对讨论结果进行展示。
会展立项与可行性分析	（1）海峡两岸经贸交易会的发展历程、会展故事、会展文化；（2）实训：ITB搜集信息，培养协作分工、创新精神；（3）会展市场调查问卷设计，展现钻研精神、岗位职责；（4）海峡两岸经贸交易会会展立项可行性案例分析，培养学生诚实守信、科学严谨的品质。	（1）案例展示：以十九届海峡两岸经贸交易会为载体进行讲解，融入职业素养、民族自信、文化自信，成功案例等；（2）课堂实训：通过学习的内容对ITB进行搜集信息，锻炼协作分工、创新精神；（3）翻转课堂：课前发布导学任务，学生搜集海峡两岸经贸会会展立项资料。
会展招商、招展策划与管理	（1）第 19 届文博会招展成功的原因、特色亮点、展会文化；（2）经典案例：刚创立的新展会的招商方案，展现协作精神、创新精神；（3）通过休闲产业博览会招展函案例分析，科学严谨、虚心好学、勇于创新的品质；（4）2023 年世界大健康博览会招商宣传案例分析，团结协作、虚心好学。	（1）案例分析：以第 19 届文博会招展成功的背景为载体，融入职业素养、民族自信、文化自信，成功原因分析等；（2）课堂实训：根据前期设定的展会主题设计与编制招展函，锻炼协作分工、创新精神；（3）翻转课堂：课前发布导学任务，学生搜集 2023 年世界大健康博览会招商宣传采取了哪些宣传手段，小组讨论分析。
会展筹备工作	（1）第 20 届中国-东盟博览会的开幕式程序；（2）第二届武汉文化与旅游博览会案例分析，感受与时俱进、勇于创新的精神；（3）2020 新冠肺炎疫情下展会的危机管理。	（1）通过讲授第 20 届中国-东盟博览会的开幕式程序，挖掘开幕式策划的创新技巧、融入创新精神；（2）案例分析：第二届武汉文化与旅游博览会现场管理方案分析，感受创新精神；（3）课堂实训：根据展会现场风险管理分析 2020 新冠肺炎疫情下会展行业是如何应对危机管理的，小组讨论分析、分工协作。

(续表)

教学内容	课程思政点融入	思政教学环节设计
会展营销与策划	（1）国家会议中心会展品牌发展历程、品牌文化、品牌影响力；（2）文博会品牌形象设计案例分析；（3）马云在德国汉诺威CeBIT的励志演讲，融入中国创造、文化自信、中国梦、勇于创新。	（1）通过讲解国家会议中心品牌展会，引导学生文化自信、民族自信、家国情怀；（2）案例分析：以文博会徽与吉祥物的设计为载体，融入职业素养、民族文化、家国情怀、创新精神；（3）案例分析：马云在德国汉诺威CeBIT的励志演讲，融入职业精神、创新精神。
会展相关活动策划与管理	（1）第三届进博会动员大会，职业精神、责任担当；（2）日本爱知世博会目标：呼吁保护环境、实现人与自然共存的21世纪主题——"自然的智慧"。	（1）通过第三届进博会动员大会案例，培养学生勇于担当、精益求精、职业精神；（2）以日本爱知世博会为载体，融入可持续发展理念。
奢侈品展会策划与管理	（1）新冠肺炎疫情将对中国2020年第一、二季度奢侈品消费额产生较大冲击，融入民族自信、文化自信；（2）2023年三亚国际游艇产业博览会，培养学生的创新精神、职业素养。	（1）案例分析：以新冠肺炎疫情下中国大陆奢侈品市场持续增长的案例为背景培养学生家国情怀、民族自信；（2）案例展示：以2023年国际游艇产业博览会为载体，培养学生的创新精神、职业素养。

第七章 旅游管理专业实践教学师资培育工程

第一节 实践教学胜任力模型

一、胜任力的定义

胜任力（competency）一词来源于拉丁语"competere"，国内将其引申为"素质、能力、才能、胜任特征"等含义。关于胜任力的概念界定，学术界并没有统一。关于胜任力的具体内涵，总体来说主要有三个层面的阐释。第一，从工作内容来说。胜任力是指能让个人在工作岗位中脱颖而出的稳定特征，在不同的工作岗位，承担不同的工作内容，所需要的胜任力则不同。第二，从工作绩效来说。胜任力是指能区分工作者优秀与否的个人特质。教师胜任力水平包括知识储备、技能水平等显性特质，也包含了动机、情感、态度、价值观等隐性特质，而且教师的胜任力水平直接影响教师的教学质量。第三，从行为表现来说。将胜任力界定为一种行为表现，这决定了此行为是可以被测量和观察的。归纳起来，胜任力是跟随工作内容和工作环境而变动的，具有一定的不稳定性。因为胜任力与具体情境相关，所以它也是可以被测量的，可以使用一些绩效标准。例如知识、技能、态度、能力等特性指标。

二、胜任力模型

胜任力模型与胜任力一样，未有明确的定义，但可以肯定的是胜任力是内在潜力素质和外显行为表现的集合。目前被广泛使用和较具权威性的胜任力模型，主要有冰山模型和洋葱模型。冰山模型是美国心理学家Mc Clelland在1937年提出的，他将个人素质描述为一座冰山（见图7-1）。按照其表现形式的不同，分为了"冰山之上"和"冰山之下"。所谓"冰山之上"即裸露在冰山水面上的表层部分，是容易被了解与测量的外在表现特征。这部分是执行工作职责、任务所必须具备的一些知识和技能等基本素质，是满足工作要求的基础，可见"冰山之上"的胜任力特征可以通过后天针对性地培训习得并进行改变。所谓"冰山之下"是隐藏在冰山水面下难以测量的内在部分，包括角色定位、品质、价值观、自我概念、特质与动机等素质。这部分是可以用来区分绩效优异者和平平者的关键因素。相对于知识和技能而言，一般来说，它不会受到外部的影响而改变，很难通过后天习得，不易被观察和测量，并会对人们的行为表现起着决定性的作用。

洋葱模型是在冰山模型的基础上，对胜任力特征进一步的解读，将胜任力由内到外拆分为层层包裹的结构，形似一颗洋葱（见图7-2）。最内核的胜任力特征为个人特质和动机，这两个因素相对稳定，难以受到外界的影响并发生改变；依次向外展开为自我形象和社会角色；最外层为个人知识和技能。

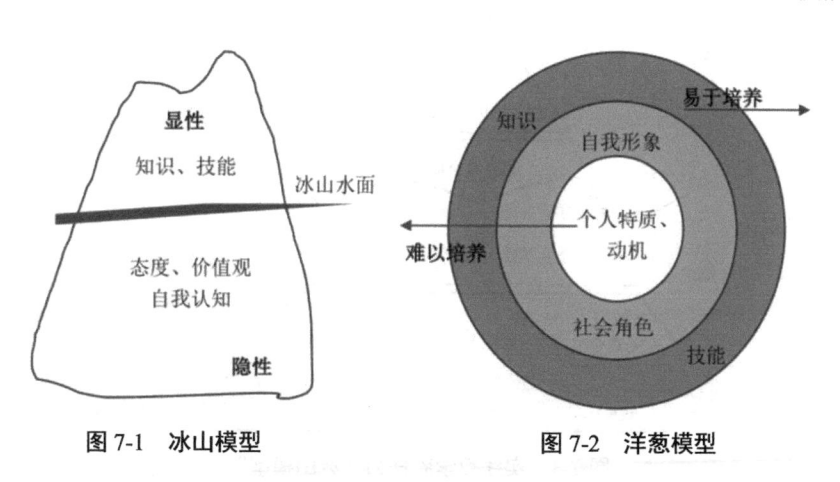

图 7-1　冰山模型　　　　　图 7-2　洋葱模型

越向外层，越容易被观察和测量；越向内层，越难通过后天学习来提升。总体来看，相较于冰山模型，洋葱模型关于胜任力特征的描述层次关系更为丰富，更突出显性特征和隐性素质要素的层次关系。

三、实践教学胜任力

胜任力概念最初起源于美国，主要在学校选拔校长这一教育领域被广泛使用，这也是胜任力运用于教育领域的雏形。在胜任力概念的基础上，考虑教师在完成教学过程中所应该具备的能力要素，来确定教学胜任力的内涵。目前国内外学者将高校教师胜任力划分为基础水平、关键能力和专业素养三个层次。基础水平是教师个体有效实施课程教学所应具备的专业知识、专业技能等基本素质；关键能力除了包含教学科研能力、实践能力，还包含教师的知识和教学所需的教学技巧、教学态度；专业素养主要包括个人魅力、人际理解力和责任心等个人特质。实践教学胜任力是指教师能够胜任实践教学工作所应具备的能力。不仅要培养学生具备相应的知识和职业技能，还要承担培养"工匠精神、职业精神"等价值引导的多重任务。

因此从"冰山模型"概念来讲，本研究将教师实践教学胜任力划分为课程思政素养及实践教学能力两部分（见图7-3）。"海平面"之上可见"冰山"

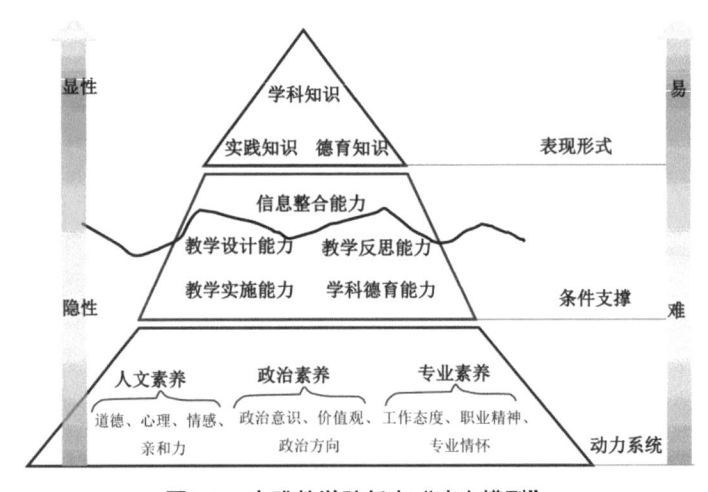

图 7-3 实践教学胜任力"冰山模型"

属于承担实践教学的知识和技能,即实践教学能力;"海平面"之下不可见的"冰山"则指的是专业教师在实践教学中开展思政教育需要的内在素养和个人特质。

(一)课程思政素养

课程思政素养是专业教师的隐形胜任力特质,是教师区别于其他职业,从事教书育人工作所应当持有的职业品格和个人特质,是教师在开展实践教学思政教育胜任力的根基和动力系统。政治素养规约教师教育教学方向,政治意识使教师能够具备从国家政策、政治高度看待实践教学和思政教育在人才培养中的地位和重要性,政治方向使教师能给予学生正确的思想引导和价值认同。人文素养包括道德、心理、情感、亲和力等个人特质,是教师职业显著区别于其他职业的天然属性。个人特质直接影响教师的教学行为和对学生的态度,独特稳定的心理属性可以成为链接师生良好关系的桥梁和纽带。专业素养包括从事实践教学活动中需要遵守爱国守法、爱岗敬业、关爱学生、教书育人、为人师表等职业品格以及学科素养。职业品格包含职业态度和职业追求。这是开展实践教学和思政教育的内在驱动力。只有具有高度的责任感、进取心、专业精神和素养,才能形成较高的职业认同感,继而从内心认同实践教学和思政教育的重要性,实现实践教学育人价值。

(二)实践教学能力

实践教学能力是专业教师开展田野思政实践教学应具备的知识和技能。技能包括教学设计能力、教学实施能力、教学反思能力、学科德育能力、信息整合能力。这是有效进行实践教学的前提条件,是专业教师能够胜任实践教学的条件支撑。目前,课程思政建设中存在"形式繁荣但效用不高"的突出问题,究其根源是教师未能将学科发展中的实践思维转移到课程思政建设中。田野思政实践教学内容的设计以及资源的建设都需要教师发挥其高阶思维能力,这是专业教师具备课程思政胜任力的必要条件之一。实践教学胜任力的另一必要条件就是信息整合能力,表现为教学工作中的信息传递、思想交流和协调合作的能力。田野思政是面向学生的教学活动,也是培养习近平新时代中国特色社主义接班人的迫切要求。因此，能与学生开展自然和真诚的沟通与交流是有效开展课程思政的元起点。除学生外，专业教师与思政教师、双创教师、社会主体之间都需要开展广泛和深入的沟通和协作，只有将知识与学生需求和社会发展相连接，田野思政框架下的实践教学才能做真、做实。

实践教学胜任力直接表现为专业教师的教学知识，是开展实践教学的基础，包括学科知识、实践知识和德育知识。这也是"冰山"最显著的"外形"，保证了实践教学"田野思政教育教学"目标的达成。

第二节 教师在实践教学中的角色定位

在实施田野思政理念，深入推进实践教学改革中，课程建设是"主战场"，课堂教学是"主渠道"，教师队伍是"主力军"。教师要扭转以往"教书匠"的观念，应不满足于完成既定的教学任务，要做学生成长学习过程中的"大先生"，先立己德，方能树人，实现全过程、全方位育人。在田野思政目标引领下，专业课教师作为田野思政实践教学体系的挖掘者，责无旁贷。

一、教学观念变革的实践者

2020年5月教育部印发的《高等学校课程思政建设指导纲要》指出，全面推进课程思政建设是落实立德树人根本任务的战略举措。教师是教学活动的组织者，要想将课程思政的教学理念落到实处，教师是关键。教师不仅要全面深入地理解课程思政的理念，将其内化为自身的教育教学观念，还应将其融入自身的日常生活工作中，并切实贯彻。而且相较于传统教学，田野思政教学理念催生了一次课堂教学观念的转型与变革。从知识传授到能力培养、价值引导，并非单纯的智能变化，而是一次传统教学观与价值导向教学观的碰撞、转型与变革。

二、田野思政内容的开发者

"田野+"实践教学场域需要通过教学活动设计和教学内容的实施开展才能得以构建和落实,其中的关键就在于教学内容的开发者。而且通过实践教学开展思政教育不是简单的"实践+思政",而是教师采取科学、恰当、有机的融合机制对实践活动进行教育性建构。要在实践教学中巧妙地融入思政教育,教师需重新梳理实践环节涉及的知识结构,深入挖掘课程教学内容中蕴含的思政元素,通过合理、科学的教学设计来实现"润物细无声"的育人目标。因此教师在教学设计中应该以学生的情感态度、道德品质、价值理念、精神追求培育与引导为思政目标,在实践教学组织中注重课程知识点与思政元素的有效衔接,将课程思政从课堂教学延伸至学生课外活动,从理论教学延伸到实践教学,组织丰富多样且有深度的课外活动来深化田野思政的效果。

三、中华优秀传统文化的传播者

习近平总书记强调:"文化产业和旅游产业密不可分,要坚持以文塑旅、以旅彰文,推动文化和旅游融合发展,让人们在领略自然之美中感悟文化之美、陶冶心灵之美。"文旅融合时代背景下,旅游管理教学中文化元素贯彻全过程。旅游教育目标之一就是培养"有文化、懂旅游"的复合型文旅人才。因此在田野思政理念下,旅游管理专业开展实践教学任务之一就是引导学生建立系统的专业知识和培养学生掌握更多的专业技能的同时,加深对中华优秀传统文化的认识,树立文化自信。旅游管理专业课程的教师在课程教学中不仅承担着传授旅游专业知识和技能的任务,也担负着传播优秀传统文化的责任。通过实践教学课堂使学生们进一步感受到我们不间断的文化传承和发展,自然和人文景观的异彩纷呈。在我国旅游业蒸蒸日上的今天,要突出中国文化自信,坚持文化治理自信,更要坚定文化品牌自信。

四、职业道德品质的示范者

《高等学校课程思政建设指导纲要》指出："全面推进课程思政建设，就是要寓价值观引导于知识传授和能力培养之中，帮助学生塑造正确的世界观、人生观、价值观，这是人才培养的应有之义，更是必备内容。"在全国高校思想政治工作会议上，习近平总书记强调要加强师德师风建设，引导广大教师以德立身、以德立学、以德施教。课堂不仅是传授理论知识的重要阵地，更是新时代的大学生塑造世界观、人生观、价值观的重要堡垒。亲其师而信其道，学生在学习过程中常以教师为榜样，教师的个人道德修养、工作态度、言谈举止等无时无刻不影响、感染着学生。

第三节　实践教学师资队伍存在问题

高校落实立德树人根本任务的人是教师，教师是各类课程教学的主体，更是教育活动的责任人。高校教师作为专业课程教学的关键人物，在专业实践教学和课程思政建设中必然起到关键作用。因此在田野思政实践教学改革过程中，旅游管理专业应该建设一支能充分胜任"专业思政"教学要求、践行田野思政教育理念的师资队伍，这是落实田野思政，实现实践教学育人价值的关键环节。

基于田野思政的实践教学要求专业课教师联合思政教师、双创教师、辅导员等师资队伍，充分发挥资源优势，在课程、竞赛、双创活动等各类实践教学方式中挖掘其蕴含的思政元素，在专业知识的传授过程中重视价值引领的融入，在价值传播的过程中重视专业知识的凝聚，通过显性教学和隐性教学相结合的方式，实现专业教育、思政教育和双创教育融合，以达到"三全育人"的目的。但是从田野思政实践教学胜任力模型来看，旅游管理专业在开展田野思政实践教学过程中，师资队伍建设还存在不足之处。

一、实践教学思政意识薄弱

目前在旅游管理专业实践教学中,虽已有部分教师尝试融入思政元素并取得一定成效,但仍有部分教师的课程思政意识薄弱,认为课程思政只是上级的要求和政策所需,课程思政开展行动只停留在教学大纲和教案中,停留在理论教学层面上,未开展实质性的实践活动,没有将思政理念延伸到实践教学环节,没有贯穿教学全过程。还有一些教师对在实践教学中融入课程思政的教学理念持观望态度,也有部分教师对课程思政的重要性和必要性认识不足,认为专业课程的课时有限、教学任务繁重,开展课程思政是增加额外的负担,对课程教学并无多益。

二、实践教学思政能力欠佳

专业教师是实践教学和课程思政实施的主体,他们开展课程思政能力的强弱直接决定了课程思政实施效果的好坏。一方面,承担旅游专业课程的教师,长期受自身专业影响,擅长旅游专业知识的传授和职业技能的指导,但缺乏对学生进行价值引领的技巧,未能将课程思政巧妙地融入旅游教学的各个环节,在课上融入课程思政内容时,显得生硬僵化。另一方面,部分教师在设计课程教学活动时,思维还固化在以往传统的理论教学中,他们未能深入挖掘课程中蕴含的思政元素,其课程教学中的思政元素不足,或只是点到为止,缺乏广度和深度。部分教师在融入课程思政时,局限于课堂及课本,未能开发丰富多样的课程思政融入形式,没有转化为丰富的实践形式,课程思政效果不佳。

三、实践教学设计思维固化

教学设计是开展实践教学的前提条件,合理、有效、丰富、饱满的教学内容设计能有效推动教学的实施和思政教育元素的无形嵌入。但在专业课程实践教学设计过程中,由于旅游学科的应用性和行业的多样性,需要根据具体行业、课程内容来灵活调整,有针对性地选择教学方法和思政融入点。很多承担旅游管理专业课程教学任务的专业教师一方面由于缺乏真实的行业实践经验，很多实践教学操作是书本所学或者后天培训所得，对新事物、新技术、新理念持保守态度甚至排斥态度，可能无法与现实行业接轨，教学设计缺乏实操性。另一方面，多数专业课教师教学任务较重，且需兼顾个人发展课题研究、学生课外指导、其他教学常规任务等，时间和精力确实十分有限，对课程思政抱着无所谓的态度，不愿去探索和深入学习。这也在一定程度上影响了教师在实践教学设计上参与课程思政研究的主动性。

第四节 "一主多辅、多段互补"师资体系建设

教师是教育的第一资源，是关键、是基础、是保障。高校旅游管理专业不仅要持续打造一支实践教学过硬的教师队伍，借此培养一批优秀的高素质旅游专业人才，更要在全域旅游视域下，面向旅游管理专业教师开展广泛深入的职业技能培训，充分发挥每一颗"螺丝钉"在旅游思政和思政旅游教育中的示范和引领作用，激活全域旅游"大课堂"、汇聚其育人"大能量"。因此通过完善师资结构、提升教师素养、筑牢保障机制等渠道，建立一支有效承担旅游专业教育、思政教育、双创教育"三教融合"的师资队伍，对实践教学改革具有重要意义。

一、以目标导向，完善师资结构

师资力量对旅游学科的发展以及专业人才的培养有着举足轻重的作用。田野思政理念下的实践教学需要构建一套以专业教师为主，以思政教师、创业导师、企业导师为辅，专兼职教师协同配合的跨学科、跨部门、跨院校的多段式互补型教师队伍。旅游类专业应按照专业课程基础知识相同、技能领域相近的原则，以"懂教育、善教学、长实践、能科研、会服务"的教师团队建设为引领，联合思政院部，组建课程思政教学组，选择教学组中课程思政教学效果好的教师组建年龄、职称、双师结构合理的课程思政教学团队，

开展院级、校级、省级的课程思政团队梯队建设。

专业教师梯队应将学术型教师与应用型教师分门别类，外聘教师与专职教师互补协作。一方面选择学术造诣较深的老师作为教学型的专职教师；另一方面，选择国内外知名教授、创新创业导师以及企业内的工作人员作为特聘教师，定期为学生举办讲座与学习指导。同时，多段式互补型师资队伍建设可以为学生提供多导师全方位指导，为学生提供最为全面的教学资源。

多段式互补型师资建设需要满足两个要求。一个要求是师资职业素能的多段式互补，包括职业素养、知识储备、教学水平、科研能力与专业技能。师资队伍中各位老师的相关素能在达到基本要求的基础之上，相互之间存在递进或互补性关系。另外一个要求是要确保师资结构的分段式互补，具体主要包括学历结构、职称结构、年龄结构、知识结构、学缘结构的分段式互补。要在师资队伍中注入不同职称级别、不同年龄层次、不同专业知识方向以及不同人才来源的师资人才，这样才能形成一个分段式、互补型的、全方位满足课程需求的师资队伍。

二、以问题导向，提升教师素养

教师是课程思政建设的关键。高校教师虽然有不同的学科背景和专业特长，但是育人的终极目标是一致的。教师要立志成为"大先生"，在教书育人和立德树人方面不断创造新业绩，要坚持"教育者先受教育"，不仅要提升自身的知识水平和学术能力，也要率先垂范，坚定信仰，不断以深厚的理论功底说服学生，用敏锐的专业眼光引导学生。以问题为导向，通过开展领导领学、专家辅学、支部促学、实践助学、教师互学等方式来提高教师专业素养和政治素养。一是旅游学院书记、院长或者旅游管理专业教研室主任要做好表率，带头开展主题教育读书班集中学习活动，把学习习近平总书记在学校思想政治理论课教师座谈会上的重要讲话精神和关于思政课建设的重要指示批示精神作为党委会、理论学习中心组学习会、支部委员会、支部党员大会、教职工大会等的第一议题，示范带动基层党组织和师生党员结合实际全面学。二是围绕课程思政建设任务，通过线上线下相结合的方式，邀请专家学者重点解读"专业思政"的内涵和课程思政建设经验，全面解读辅学文件精神和优秀院校建设案例。三是发展校地实践联学，紧密联系各实践教学基地，围绕人才培养、科学研究、社会调查等课题全面开展校企合作，为教学科研提供鲜活的素材，提高教师理论联系实际的能力。四是在教师教研活动中通过观摩有关教学视频、相互交流教学方法和举措，加深对"课程思政"的内涵、目标及原则等的理解。结合示范公开课的情况，相互学习，汲取优点、弥补不足，进一步完善思政教学设计。同时开展教师"一对一"帮扶，充分发挥优秀教师的榜样作用，鼓励高职称、高学历、经验丰富的老师在课程教学、教育管理、实践操作、教研科研、社会服务等方面帮助和指导年轻教师成长，营造教师队伍师徒传承的良好氛围。

三、以效能导向，筑牢保障机制

加强高校教师队伍建设，不仅仅是教师本人的职责与任务。习近平总书记指出，开展课程思政建设，要"在工作格局、队伍建设、支持保障等方面采取有效措施"。开展田野思政，促进实践教学和思政教育融合工作，需要建立健全机制保障。一方面课程思政建设和实践教学管理等存在主观上人为割裂的情况，表现为队伍管理体系缺位、管理机制错位等。应该占位顶层设计，依据教学要求对课程思政教师队伍建设进行量身定制决策，能够确保旅游管理专业课各学段思政教师资源得到充分挖掘和运用，保证思政课教师在田野思政一体化教学中发挥正向的角色效应。另一方面，建设"全领域、全口径、全支撑、全保障"的督导新体系和集效能、效率、满意度、可持续性为一体的评估指标体系，以此营造浓厚的教学氛围，让教师更加有归属感、荣誉感和自信心。

第八章　旅游管理专业实践教学基地打造工程

第一节　旅游实践教学基地建设的时代机遇

在产业化、全球化、互联网时代，高校旅游实践教学基地的建设需要适时地把握历史性发展机遇，从革新培养理念、创新培养模式、提升时间能力和升级双实基地四个方面来实现高校旅游人才培养的跨越式发展。

一、产业化时代，革新高校旅游人才双创培养理念

"十四五"以来，文旅产业跨界融合、协同发展，产业规模持续扩大，新业态不断涌现，旅游业对经济平稳健康发展的综合带动作用更加凸显，旅游成为小康社会人民美好生活的刚性需求。旅游教育是旅游业发展的持续内部驱动力，是提高旅游产业创造力的智力支撑，旅游产业的发展与实习实训基地的建设水平有很强的相关性。为了适应处于高速上升期的文旅产业的发展，将"旅游+"变成现实，发挥旅游产业对于经济的引爆作用，需要积极革新高校旅游人才培养理念，从大方向、高平台、全领域的培养理念为旅游产业的发展注入源源不断的发展动力。

二、全球化时代，推动高校旅游人才培养模式创新

随着全球化时代的来临，经济全球化、知识全球化的进程逐渐加快，同样也意味着竞争全球化的压力逐渐增大。在不同时代的背景下，按照不同的社会发展需求，我国先后出现了三种不同导向型的人才培育模式，即以学历层次、行业需求和能力提升为导向的三种人才培育模式。为了更好地认识全球化、适应全球化和引领全球化，需要在之前出现的三种人才模式上创新出新的培育模式，即以实习实训为导向的人才模式，在知识、能力、态度"KAS三轮驱动"的引导下，大力发展高校实践教学基地建设，增强实习实训比重，注重学生动手能力的培养和创新创业潜力的挖掘。

三、互联网时代，激发高校旅游实习实训全面升级

"互联网+"时代的来临，不仅给传统行业带来了翻天覆地的变化，"互联网+"人才培养也应运而生，教育也呈现出全球化、网络化、信息化、智能化和多媒体化的趋势。伴随着大数据、云计算、物联网的迅速发展，海量的知识、智能的工具、发达的技术、密切的关联极大地冲击着旅游从业人员，为高校旅游人才培养带来了新的机遇与挑战。在倡导实习实训基地建设过程中，需要以"互联网+"为主导，主动拥抱互联网，用互联网的理念与技术实现高校旅游实践教学基地的全面升级，更好地适应社会发展的需要。

四、田野化时代，厚植高校旅游实践教学思政内涵

旅游学科具有较强的应用性和实践性，实地实景的田野空间蕴含着丰富的思政元素和实践案例。以"田野教学"为抓手，采取项目制学习模式，引导学生从"书斋"走进"田野"，进行实地考察和情境学习，通过实践活动让学生去体验、去感悟、去发现问题，将旅游原理应用到现实问题中，将自己的专业知识运用到真实的社会环境中，为学生创设生活化的真实情境。在绿水青山中体会人与自然和谐共生，在田间地头感悟新时代乡村振兴取得的伟

大成就，在真实的调研和社会考察中认知国情、社情、民情、乡情。

第二节 实践教学基地建设的驱动要素分析

高校实践教学基地是高校依托企业、行业（协会）、事业单位、科研院所、政府机关、社会团体等，共同建立的学生实习实训、教师挂职锻炼及从事科研活动的校外基地。本研究基于KAS理论模型，构建了高校旅游管理专业实践教学基地建设的体系模型，以期实现高校旅游实践教学基地的进一步优化提升。

为了改变高校旅游专业"重理论、轻实践"的局面，加强实践教学基地的建设与管理，完善基地的运营体制，本研究从三方面进行了具体分析。

一、新商科内涵式发展要求

2018年8月，中共中央在所发文件里提出"高等教育要努力发展新工科、新医科、新农科、新文科"（简称"四新"建设）。新商科是应数字经济发展需要而提出的一个概念，与传统商科不同的是，新商科坚持人文素养与科学精神相结合，注重创新创业能力，注重培养与社会时代需求相匹配的人才。新商科贯彻教育部新文科建设理念，突出学科交叉融合再创新，突出应用中国理论与方法，突出开展产教深度融合，注重学生价值观的塑造。但目前实践教学基地存在诸多弊端，无法适应新一轮科技和工业革命带来的新变化。因此实践教学基地构建要源于实践，从行业中来，到行业中去，强调学科交叉，打破专业壁垒，实现资源共享，提高人才培养质量。

二、文旅产业融合发展升级

随着"旅游+"深入推进，文旅融合催生了很多新旅游消费业态和新职业。旅游业态的创新迭代为文旅人才培养提供了新方向，同时也对人才培养进一步对接产业技术及职业岗位能力等方面提出了新要求。目前新业态面临人才短缺，培养模式单一，缺乏系统性和创新性等问题。尤其是对接文旅融合新业态的专项人才的培养，康养文旅、科普研学、红色旅游、文旅新媒体营销推广、文旅志愿服务等人才的数量和质量急需提升。旅游教育是需要走出校园，走进社会，走进田野，用自己的脚步去丈量、去亲身体验的过程。因此实践教学基地以实际问题为导向，对接旅游产业跨链融合、数智升级需求，与对口行业深度融合，还原真实场景，在实践中提升学生综合能力和素质。

三、数智技术驱动产教融合

在数据要素加快赋能产业的大背景下，"数字时代"正在加快向"数智时代"转变，数智文旅逐步成为文旅行业转型升级发展的主要方向，旅游管理专业发展方式和人才培养模式变革势在必行。旅游管理专业是来源于社会经济市场实践，最终也要运用到实践中去的学科，传统的实践教学存在学科专业单一，产教融合不深，信息沟通不畅等问题，从而导致学生实践兴趣不浓、实践能力较弱、创新创业能力不足，无法对接新商业时代从业要求。因此实践教学基地要充分拥抱互联网平台，强化产教融合，提升人才培养的实践性与实效性。

第三节 "五位一体"实践教学基地体系构建

2022年教育部等十部门印发的《全面推进"大思政课"建设的工作方案》明确提出要"善用社会大课堂""建好用好实践教学基地"。在遵循优势互补、资源共享与共建共赢的原则下，结合KAS理论，融入"将田野带入课堂""将学生置于田野"两种田野思政实践教学理念，以串联红色教育、研学研修、文化体验、乡村旅游、康养度假等业态产品，创新文旅融合路径，建设好田野思政旅游实践教学实习实训基地。鼓励和支持引导政、产、学、企联合在红色旅游、文化旅游、研学旅游等资源富集的区域打造"旅游思政"和"思政旅游"示范基地,深度挖掘旅游和文化思想性、先进性、时代性的教育价值,塑造"思政教育+旅游"新品牌。以田野思政和"互联网+"理论为基础,以实践教学"三轮驱动"目标体系为导向,围绕与实践教学相联系的几大利益相关者,构建以"四段式"实习实训模式和"五位一体"双实基地为核心的实践教学条件体系(见图8-1)。

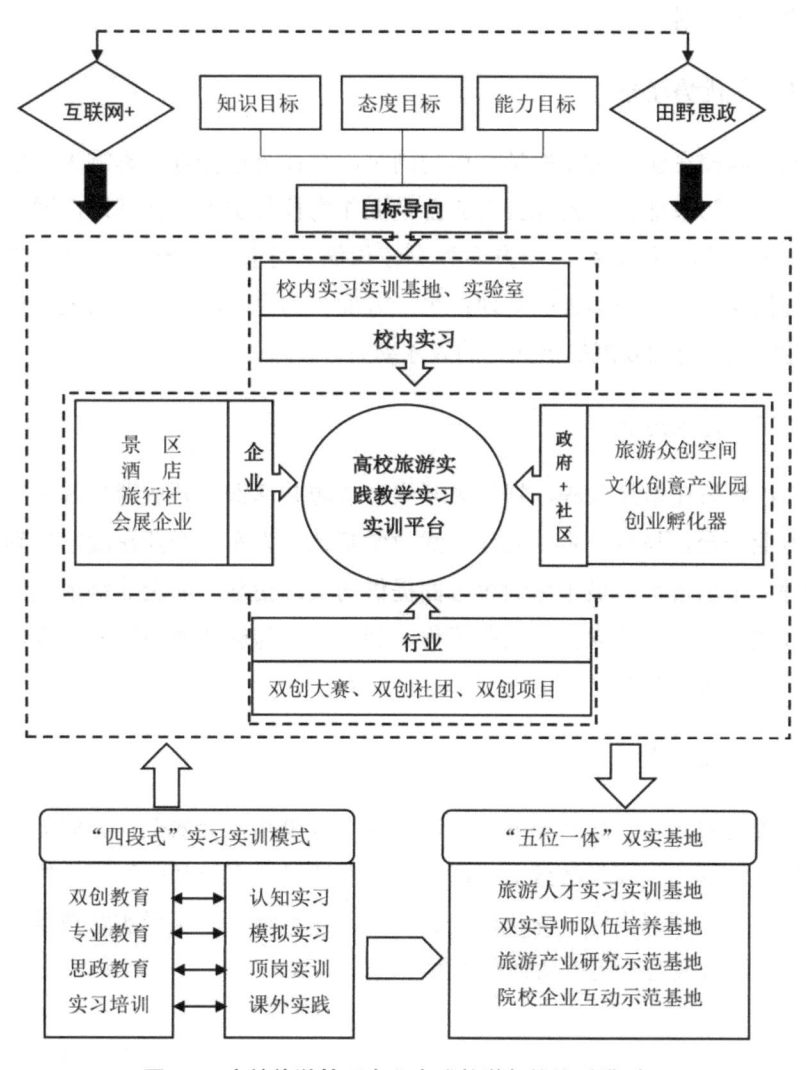

图8-1 高校旅游管理专业实践教学条件体系模型图

一、构建原则

旅游业是一个理念先进、实践性强的行业,实习实训便成了高校旅游人才培养中不可或缺的构成环节。为了强调"大众创业、万众创新",在建设高校旅游管理专业实践教学基地的过程中,需要遵循优势互补、资源共享和共建共赢三大原则。

(一)优势互补

旅游高校在建立实践教学基地的同时,往往会选择行业影响大、经济效益好、企业形象佳、示范性强的旅游企业作为校外实习实训基地。通过校企间建立稳定的合作关系,一方面为高校旅游人才提供了认知实习、模拟实习、顶岗实训与课外实训的基地;另一方面,为企业输送大量的人力资源,为企业实现可持续发展提供充足的人才动力。

(二)资源共享

高校将依托精品课程、视频公开课、资源共享课、开放课程等旅游管理特色专业平台,与校外企业共建实践教学基地,为实习企业在战略规划、运营管理、市场营销、员工培训等方面提供切实的指导。而企业将依托经营实体为高校学生在岗位职责、业务流程、创新意识与创业能力等方面提供极具操作性的指导,真正实现理论与实践相结合。

(三)共建共赢

学校的主要宗旨是培养人才,追求育人效果和社会效益;企业的根本目的是追求利润,提高经济效益。高校与企业通过"双导师制"落实校企人员互聘互兼,从顶层设计上深化校企合作,共建省级、国家级实践教学基地,致力于打造区域乃至国内品牌实践教学基地。

二、建设要素

从高校旅游实践教学基地整体出发，分析各要素内部与要素之间的相互联系与相互作用。影响高校旅游实践教学基地形成与发展的要素包括推动性要素、支撑性要素与稳定性要素，这三大要素分别为高校旅游管理专业实践教学基地的建设提供推动力、支撑力与稳定力，这三大要素相互联系、相互影响，缺一不可。

（一）推动性要素

推动性要素是高校旅游实践教学基地建设的基础要素，包括内部驱动要素与外部推动要素。内部驱动要素即知识驱动要素、态度驱动要素与能力驱动要素。旅游管理专业的学生需要通过参加实习实训获得相应的知识、素质与能力。而外部推动要素则包括"互联网+"要素与田野思政，"互联网+"要素在大数据时代为旅游人才培养提供了更为丰富的手段，而思政要素则更为直接地盘活实习实训空间和资源，为提升人才培养质量提供了最切实际的渠道。

（二）支撑性要素

支撑性要素是高校旅游实践教学基地建设的重要因素，包括校内实习实训要素与校外实习实训要素。在创业平台要素方面，包括旅游众创空间、文化创意产业园与创业孵化器，通过培养创新创业意识、开设创新创业课程、开展创新创业项目、入驻创新创业园区来提升大学生的创新意识与创业能力。

（三）稳定性要素

稳定性要素是高校旅游实践教学基地建设的保障要素，包括认知实习要素、模拟实习要素、顶岗实训要素与课外实践要素。只有认知实习、模拟实习、顶岗实训与课外实践这四个步骤全部完成后，学生才能被认为完成了高校旅游实践教学基地的全部内容，获得相应的学分。

第四节 "五位一体"实践教学基地功能定位

旅游管理专业的实践教学形式多样、各具特色。归根结底，从院校的角度分析，实践教学基地应具备以下几个基本功能。

一、旅游人才实习实训基地

从院校的角度考虑，"课堂教学—实习实训—高质量就业"是一个连续的人才培养链条。学生在完成课程理论教学的基础上，需要通过实践教学基地进行知识的内化、理解、运用。作为人才培养的关键环节，实习实训与课堂教学互相补充。学生在实习实训中，可以获得实际工作的经验和体验，更好地理解课堂所学内容，实现理论和实践的充分结合。在实习实训中，企业和学生可以互相了解，学生可以充分体验到自身与专业的契合度并做出职业选择，企业可以考查学生的能力和素质并提供就业机会。

二、双实导师队伍培养基地

实践教学基地是接触文旅产业经济改革前沿、直面社会需求的机会，一个能重塑知识体系、提升自身能力的平台，是解决"教师所传授的知识和理论与社会发展需求脱轨"问题的助推器。依托实践教学基地，深入产教融合，职业经理人可以为旅游专职教师提供培训、会议等服务，共同优化教学内容，一起开发课程体系和案例库，达到教以致用的目的。一方面努力发挥"智库"的作用，尽到科研工作者应尽的社会责任；另一方面是向一线工作者学习，学习如何理论联系实际、如何用前沿的知识创造性地解决实际难题。

三、旅游科学研究合作基地

实践教学基地在人才培养改革过程中，会不断遇到新情况与新问题，而解决这些实际问题正是旅游院校开展教育研究的目标，因此实践教学基地也是产学研用合作基地。高校旅游骨干教师与实践基地组成联合研究团队，一是参与人才培养方案修订、专业建设、课程开发、教师培训、实践教学等学科教学改革项目研究，以一线行业需求倒逼人才培养改革，从而提高人才质量。二是共同申报产业科研课题。以实践教学基地中景区、旅行社、酒店、会展公司等一线企业经营过程中面临的痛点、难点、阻点为切入点，将产业难题变科研课题，发挥专业学者研究特长，把实训室搬进企业一线，把论文写在产品上，把研究做在实践育人上，充分发挥地方高校服务地方企业的作用。

四、院校企业互动示范基地

实践教学基地的最终目标是培养人才，实践教学基地也是人才培养基地，人才培养质量是评估基地的重要指标。实践基地品德良好、专业素质过硬的企业经理人通过担任兼职导师、创业导师等，广泛地参与到旅游管理专业人才培养和实践教学实施的各项工作中。通过分享自身的成长经历，让旅游管理学生直观地感受旅游业各企业的职业形象，潜移默化地受到优秀教师的感染，从而树立正确的职业观。而且兼职导师在一线工作中积累了宝贵的工作经验，具有一手的丰富的教学案例，这对培养与社会需求相匹配、相适应的人才具有很好的引导作用和借鉴意义。

第五节 "五位一体"实践教学基地优化策略

在构建高校旅游实践教学基地建设体系的基础上，为转变高校旅游实践教学基地发展方式，促进实习实训基地转型升级，本研究从塑造特色品牌、打造双师团队、完善配套设施和引进资本运作四大方面进行优化。

一、精准定位，塑造旅游实践教学基地特色品牌

塑造特色品牌是旅游实践教学基地建设的重要目的。在KAS理论的引导

下，努力打造国家级精品课程、国家级教学团队、国家级视频公开课、国家级资源共享课等专业特色品牌，通过与优势企业强强联合，打造最具实力的实习实训基地品牌，发挥示范与带动作用。

二、名师引领，打造旅游实践教学基地双师团队

高质量的师资团队是决定旅游人才培养发展前景的基础性人力资源，旅游教学名师更能从推动行业发展、提高教学质量、保障教学品质等方面彰显名师效应。在国家级教学名师的引领下，打造一批"双导师"和"双师"的教学团队，聘请共建企业的高层决策人才、中层管理人员与基层工作人员担任兼职教师，开展课程教学、指导实践、实践讲座等。"双师型"教学则要求旅游管理专业教师既能够进行理论教学，又具备丰富的工作经验，在认知实习与模拟实习阶段为高校旅游专业大学生打下良好的基础。

三、提档升级，完善旅游实践教学基地配套设施

配套设施是旅游实践教学基地建设的基本保障。一方面，完善旅游实践教学基地配套设施，优化实习实训环境，扩大实习实训规模，使实践教学基地能够达到覆盖旅游管理所有专业的要求。另一方面，在"互联网+"时代，亟需从互联网层面对旅游实践教学基地提档升级。首先，以课堂教学、课外实习为主，翻转课堂为辅的方式进行现场教学。其次，通过微信、微博等社交媒体，App等在线上开展热烈的讨论，共同完成小组作业，将实习延伸到生活中，分享实习实训经验，在线咨询实习实训难题，从课堂走向课下，从课堂走向田野。

四、资本运作，升级旅游实践教学基地运营模式

资本运作为旅游实践教学基地建设提供了生命力。在实习实训基地共建的过程中，用资本运作的方式升级旅游实习实训基地。在高校与企业的

双重指导下，大学生旅游创新创业项目入驻旅游众创空间、文化创意产业园与创业孵化器。高校、企业与政府三方还可共同发起旅游实习实训发展引导基金，为企业服务、人才引进和项目资助提供鼓励性政策，加速创新创业企业发展。

第九章　旅游管理专业实践教学四维互动评价机制

第一节　实践教学评价机制的基本原则

实践教学评价是在实践教学目标的指导下，运用科学的技术方法，对教学过程和实践效果进行价值评判的过程。科学的实践教学评价体系离不开多方评价主体的参与以及多元评价方式的使用，以切实改变高校旅游专业"自评"的窘状，真正提高评价质量。

一、评价主体多元化

"田野+"实践教学场域有四大空间，实践内容丰富，实践方式多样，那么实践教学评价机制应该施行多元性。在实践教学评价过程中，积极吸纳旅游行业、企业、学生、教师、朋辈等多主体参与，才能够有效地和实践教学工作配合，对实践教学过程形成完整评价。从企业视角评判学生实践效果是否达到岗位标准、用人标准；从学生视角进行自评和互评，有助于学生发现团队成员的优点和自身存在的劣势，以便找到努力的方向；从教师视角针对不同的评价内容采取恰当的评价方式，给出专业性的改进建议；从朋辈视角在相互学习和指导过程中，通过意见交流方式反馈和分享学习经验。通过调动上述评价主体的积极性，充分发挥实践教学评价的导向、激励和诊断功能，切实提高旅游人才的专业实践能力。

二、评价方式多样化

针对四大"田野+"实践场域不同实践内容,以不同类型的实践形式,采取相对应的考核方式,例如"田野+课程"实践课上涉及现场操作模拟的环节,在实践完成后进行现场答辩或要求学生考取导游证等职业资格证书。"田野+双创"和"田野+竞赛"以团队形式的项目制学习为主,重点关注学生在实践过程中的创新思维、概念表达和综合应用能力,依据学生个性和特点,根据其在完成产品构思、方案优化、效果处理和版面设计等过程中的具体表现进行考核。同时评价方式应更加从多元主体参与进行评分,避免单一向度主观性偏差,而且实践教学评价的侧重点不在于学习的结果,而在于学习的全过程。因此要根据课程不同阶段的需要,合理设计各阶段的评价活动,这样有利于提高师生参与教学的主体意识,帮助教学管理者制订有效措施,及时解决遇到的问题,保证课程更加有效地实施和提升师生教与学的能力。

三、评价内容多维度

实践教学的目标是基于知识、态度、能力的KAS理论模型设定的,旨在培养复合型的技能型人才。因此,实践教学评价内容应该多维度,不仅要考查学生对实践知识与技能的掌握情况,还要加强对学生的职业素养、语言表达能力、问题处理能力等方面的考核。比如,在导游实务课上,给定学生一个旅游景点,要求学生自己设计、讲解导游词,最后考核学生在整个过程中各个方面的表现,并挖掘其潜能,促进学生自身发展。在实习实训过程中,除了考评实习总结报告,实习过程中实践能力的鉴定以及查岗制度外,学生在实习过程中的工作态度、精神面貌、实践的成果、操作能力等外在的表现也应该进行多角度的评估和考核。学科竞赛和科研项目申报更是锻炼学生实践能力、增强学生解决实际问题的能力、提高学生团队协作精神、拓展学生跨学科综合素质的平台,其考核内容要求更加全面。

四、评价方法科学性

实践教学最终效果和很多因素有关，学校、教师、社会、学生都是影响实践教学效果的因素，每一个独立原因都有其对实践教学的作用，但也受到实践教学内容、条件、管理方式等方面的影响。科学的、合理的、可行的评价方法对实践教学效果起到至关重要的作用。因此实践教学评价机制要充分结合人才培养的规律，参照教育部《普通高等学校本科教育教学审核评估实施方案（2021—2025年）》中"实践教学"部分要求的主要评估点，结合旅游管理专业学科设置，以培养学生实践能力为中心，以满足旅游管理专业实践需要，突出学生实践能力和水平为目的，进行科学、客观的设置和完善。

五、评价指标动态化

根据旅游管理专业在基础实践、专业实践和综合实践的不同目标，从学生"学"和教师"教"两个角度出发，分别构建动态化的学生实践学习效果评价指标体系和教师实践教学质量评价指标体系。学生获得评价的反馈信息，可以全面认识实践学习的状况，发现实践学习的优势和不足，从而及时调节相关行为，以此形成动态、闭环评价机制；教师获得评价的反馈信息，能够充分掌握实践教学情况，明确实践教学目标实现程度，诊断教学过程存在的问题，从而及时改进相关教学行为。

第二节 CIPP评价模式

CIPP评价模式在教育领域的应用已经相对成熟，具有一定的研究基础。CIPP评价模式最早是美国教育评价家Stufflebeam于20世纪六七十年代提出的一种课程评价模式，由背景评价（context evaluation）、输入评价（input evaluation）、过程评价（process evaluation）和结果评价（product evaluation）组成。背景评价是明晰人才培养环境，明确学生需求，是对基于田野思政开展实践教学的背景环境及目标进行评价；输入评价是在背景评价的基础上，对为实现实践育人目标所需的资源和手段所作的评价；过程评价是对方案实施过程中进行连续不断地监督、检查和反馈；结果评价是对目标实现程度所作的评价。CIPP评价模型的主要目的是为相关决策者提供改善教学方案的合理依据，目前研究的焦点主要集中在以下三个方面：

一是专业教育评价体系研究。卢慧雅（2023）融合CIPP评价模式构建了大数据管理与应用专业实践教学体系。杨苏（2022）以CIPP评价模型为理论框架构建了工程专业教育评价体系。王阳（2022）借鉴CIPP评价模型为旅游管理专业实践教学的可持续发展提供了改进意见。

二是课程质量评价体系研究。杨磊、黄沛杰（2023）针对基于SPOC的计算机组成原理翻转课堂传统教学评价中存在的问题，提出基于CIPP评价模式的计算机组成原理课程多元评价指标体系。张小茜（2023）基于CIPP评价模式与大商科课程的适切性分析，构建大商科课程CIPP评价体系模型。潘蕊、薛菲（2023）将CIPP评价模式运用到课程思政建设评价体系中，论证该模式对优化课程思政评价具有有效性。

三是实验实践教学评价体系研究。李佳乐（2023）立足CIPP评价模式的理论框架，构建了新时代研究生思政课实践教学评价体系。李宝虹等（2022）以CIPP评价模型为依托，有机结合数智化实验实践教学，构建全方位的评价体系。

通过以上总结可以发现，CIPP评价模型可契合不同类型的教学评价，这为基于田野思政构建旅游管理专业实践教学评价体系奠定了理论基础。该评价模式注重评价的全程性、过程性和反馈性，能够把教学过程中实施教学活动的具体表现纳入评价，从而避免教学评价只重结果不重过程的片面性。

一、契合实践教学评价的全程与动态性

CIPP评价模式融合了实践教学开展过程中背景、输入、过程、结果的全部要素，其评价模式具有系统性、全面性与动态性。基于田野思政的实践教

学是兼具研究性、体验性与动态性等特点的"专思创"三教融合的教育活动，其评价应贯穿于整个教育活动实施的全过程，系统、全面、动态地呈现实践教学的成效。CIPP评价模式中的背景评价指向旅游管理专业实践教学的实施背景与目标建构，输入评价指向开展实践教学的资源配置，例如课程设置、师资队伍、思政元素设计等。过程评价指向四大"田野+"实践场景活动的"行中阶段"全过程。结果评价指向实践教学开展的成效。因而，CIPP评价模式将实践教学目标、资源配置、实施过程与成果业绩全部纳入评价体系，契合高校旅游人才培养的全程性与动态性。

二、契合实践教学评价的多元与阶段性

CIPP评价模式中评价者可以依据评价内容与评价需求选择差异化的评价方法，如在背景评价中选择分析法、调查法等，在过程评价中运用观察法、成长记录法等来实现动态跟踪。基于田野思政的实践教学包括专业教育、思政教育和双创教育，实践活动思政教育讲究"三全育人"，即全程性、全员性、全方位性。这就需要评价应突出阶段性与多元性功能，以保证实践教学评价体系的科学性和可行性。因此，CIPP评价模型可以针对不同实践项目类型进行长期评估，能在特定背景下对需求、资源、过程和结果进行全面评价，其灵活性契合了人才培养的阶段性与多维性，不拘泥于某一方法或某一方面的内容，可以根据不同年级、不同专业、不同实践场域的开课情况和授课内容进行灵活多元的客观评价，以实现人才供给与市场需求的耦合。

三、契合实践教学评价的发展与整体性

与以往评价模式不同，在评价的诊断功能基础上，CIPP评价模式注重评价的改进与发展功能，强调通过评价改进人才培养方案优化培养过程，进而提升培养质量。实践教学评价本质上是一个与人才培养方案实施阶段相辅相成的动态过程，既包含课程本身，也涵盖了教师与学生的发展，而且实践教学注重将企业、教师以及学生等多元参与者作为一个有机整体，通过各个环

节相互衔接、相互补充、相互调节匹配各方的供需要求。而CIPP评价模式恰好是一种整合性的评价模型，可以通过四个评价步骤整合各主体间利益，协调各流程间决策，最终实现旅游管理专业实践教学的整体目标。

第三节 "多角色、过程式"实践教学评价体系构建

基于CIPP评价模型构建"企业—教师—学生—朋辈"四维互动的多主体参与全过程的评价模型，并依据实践教学内容构建具体指标体系。模型中运用考试、观察、成长记录等多向度综合评价，将过程性评价和结果性评价、量化评价和质性评价、动态评价和静态评价、自评和他评结合起来。在评价内容上，将评价视域由分学段转向全学段，由教学结果转向教学过程，由智育分数转向核心素养，综合评价学生在核心素养上的增值样态和发展趋势。通过构建CIPP评价模型来有效推进高校旅游实践教学改革，持续推进高校教育教学质量提升，发挥课程思政的杠杆作用。

一、基于CIPP评价模型的实践教学评价模型

依托高校本科教学质量和保障措施，参照旅游院校设定的专业人才培养目标，在田野思政框架下，初步构建一种符合旅游管理专业发展的实践教学评价指标体系（见图9-1）。该评价模型的优点在于能够及时准确地反馈实践教学的优缺点，并动态解决教学中的失误与偏差，促进教学质量螺旋式的提升。

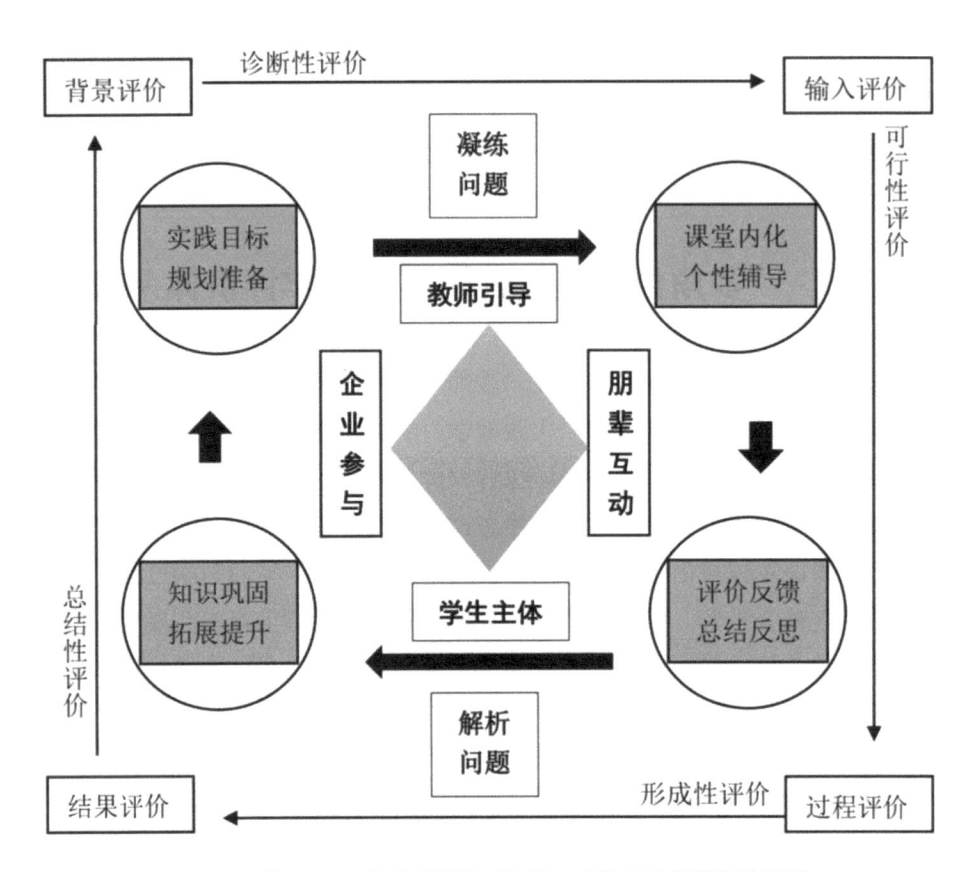

图 9-1　基于 CIPP 评价模型的"四维互动"实践教学评价模型

二、基于 CIPP 评价模型的实践教学评价指标体系

根据CIPP评价模型的基本内容，本研究将实践教学评价体系分为四个阶段，并为每个阶段选取了一级评价指标和二级评价指标，评价指标的释义见表9-1。该评价体系是以背景评价的实践教学培养目标建构为前提，以输入评价的实践教学开展资源配置能力为保障，以过程评价的实践教学能力和技能型人才培养实施能力为核心，以结果评价的实践技能人才培养成果绩效能力为关键的动态性的指标模型。

表 9-1　基于 CIPP 评价模型的实践教学评价体系指标

一级指标	二级指标	评价要点
背景评价 context valuation	实践教学目标	实践教学目标明确度
		多学科交叉特征
		目标设置灵活性
	实践教学理念	符合国家导向需求和时代需求
		符合学校教育教学改革需求
	实践教学计划	实践教学计划清晰、合理
		实践教学计划的可行性
输入评价 input evaluation	师资投入	师资学缘结构合理性
		企业兼职、"双师型"教师比例
		教师企业进修和培训记录
	资金投入	实践基地和实践平台数量
		实践教学场地和仪器设备
		实践教学资源建设投入
		实践基地建设投入
	组织保障	实践教学相关制度的完善程度
		实践教学管理方式恰当
		实践教学课程课时安排合理
过程评价 process evaluation	实践教学内容	理论教学与实践教学的比例
		实践教学内容的实用性
		实践教学内容突出项目特色
	教师教学过程	学校教师实践经验丰富,进行示范与指导
		实践教学形式的多样性
		注重培养学生的实践能力
	学生学习过程	学生参加实践的态度
		学生对实践知识、技能的接受程度
	考核形式	实践教学考核形式的多样性
		考核评价标准凸显实践性
结果评价 product evaluation	学生素养提升	课题申报和实践活动
		学科竞赛及奖项
		毕业论文质量、职业资格证书获取率
	社会认可度	专业办学美誉度
		招生与就业
	教师发展收获	学校、督导、学生、同行教学评价
	思政育人效果	思想价值观的塑造

（一）背景评价

实践教学背景评价属于诊断性评价，主要审视实践教学目标及制定后续计划，是CIPP评价模型的基础。田野思政理念下的实践教学秉承KAS理论教学目标，其评价过程要以"大思政课"教育理念为基准，评估实践教学开展和实施是否满足旅游管理专业课程思政建设的要求，是否能够实现专业人才培养目标。背景评价主要设定了实践教学目标、实践教学理念和实践教学计划三个维度，评估旅游管理专业开展基于田野思政的实践教学的环境情况。

（二）输入评价

实践教学输入评价属于可行性评价，主要审视实践教学活动所需的资源和条件，以此保障实践教学实施方案的科学性，这也是确保实践教学顺利开展的物质基础。主要从人力、物力、财力三个方面进行评估，因此将输入评价的二级指标主要分为师资投入、资金投入和组织保障。师资投入主要考察教学能力以及师资的从业经历、年龄、专业等学缘结构是否合理。资金投入主要考察为开展实践教学所投入的实践基地、实训设备以及与此适应的课程资源、仪器设备等是否到位。组织保障主要衡量实践教学活动的规章制度健全性、管理方法的合理性、活动组织与设置的科学性等内容。

（三）过程评价

实践教学过程评价属于形成性评价，主要审视实践教学开展的各个环节是否有效，是一种及时反馈调节的过程。通过过程性评价，适时调整和改进实践教学过程，可使实践教学体系持续改进和自我完善。基于田野思政的实践教学实施过程既要考察知识获取、能力提升，又要强调价值引领。根据实践教学系统的实施过程构成要素，将实践教学过程分为实践教学内容、教师教学过程、学生学习过程和考核形式。实践教学内容评估其是否实用、体现专业特色等，能否紧密结合当前社会实际、结合课程内容，将理论知识与实训实践相结合，使学生将课程的内涵思想内化于心、外化于行。教师教学过程评估教师能否积极推行课堂教学改革，将课堂的主体还给学生，能否使用线上线下混合式教学模式贯彻"田野教学"理念。学生学习过程评估是否能够积极参与课堂上的活动，考查学生的参与度和参与效果。考核形式评估实践教学是否实行多利益群体的主体评价，是否实行"一项目一标准"的考核内容等，以此避免考核主观性。

（四）结果评价

实践教学结果评价属于总结性评价，主要审视实践教学培养方案的成效。不仅包括对实践教学质量的评估和反馈，还包括学习者本人对自身综合能力提高状况的考核与评价。主要选择了学生素养提升、社会认可度、教师发展收获和思政育人效果四个维度，分别从学生科研申报、学科竞赛及奖项、毕业论文质量、职业资格证书获取率来评估学生能力，从招生就业以及专业办学美誉度等评估专业社会认可度，从学校、督导、学生、同行教学评价等各方评价评估教师发展收获，从思政育人效果评估实践教学是否通过田野空间达到了思想政治教育的目的。

第十章 旅游管理专业"田野+"实践教学案例展示

第一节 "田野+课程"全程项目导师制教学改革

一、项目驱动式教学法

项目驱动式教学法是基于建构主义的教学论,是一种将教学内容设计为一个完整的项目,在教师的指导下,学生以小组协作方式制订计划,团体协作完成整个项目,以达到学习知识、培养分析和解决问题的能力以及培养团队合作意识为目的教学方法。该方法打破传统的学科知识程序化教学思维,建立整体性、系统化的思维对知识进行有逻辑联系的整合和组织。通过设计相应的情境任务,让学生在完成任务的过程中习得知识和技能,并基于知识和技能的运用实现概念的迁移和培养解决现实问题的能力。

(一)教学方法内涵

1.课堂讲授+双边互动+多媒体辅助

教师必须转换自己的角色,同时也需引导学生进行角色转换。教师应从课堂的主导者转换成课堂的策划者、组织者、监督者、指挥者和评价者。学生也需要在教师的引导下实现角色的转变,不再是课堂的被动者,需转换成教学的劳动者、求索者和设计者。借助于多媒体,灵活运用讨论法、案例驱动法、任务驱动法等教学方法,有助于促进师生间的积极交流和学生间的竞争合作，提高学生学习的兴趣和热情。

2.合作学习+网络学习+自主学习

合作学习是一种结构化的、系统的学习策略，由2～5名能力各异的学生组成一个小组，以合作和互助的方式从事学习活动，共同完成小组学习目标，在促进每个人的学习水平的前提下，提高整体成绩，获取小组奖励。它可以充分调动学生学习的积极性，让每个学生都投入到学习中来，更可以让学生在讨论中学会倾听、表达与交流，初步学会文明地进行人际沟通和社会交往，发展合作精神。而自主学习是学习者发自内心的、有计划有主见的、能掌控自己的学习过程的、主动获得新知的学习活动。学习者自己制定学习目标，自觉投入到学习中去，独立思考问题，主动建构知识体系，并能对自己进行客观合理的评价。随着信息化教学的发展，基于网络环境的学习活动突破了时间和空间限制，以学习通、雨课堂等平台为依托，将学习项目、任务、视频等学习资料全部上传到云平台，根据学习任务和学习目标的不同，灵活选择合作学习或自主学习，通过在线的合作学习更方便学习者的交流和合作，也方便教师参与指导；而网络环境下的自主学习可以由学生自由安排训练时间和地点，更易获得足够的训练，对于自己的薄弱环节可以反复学习，并可通过网络进行学习和讨论，符合学生主体地位以"自主、探究、合作"为特征的新型教与学方法的要求。

3.项目驱动+服务专业+第二课堂

项目驱动式教学要求旅游管理专业教学要主动向学生的专业靠拢，与就业接轨，体现教学的特色性和实用性。在教学中实现因材施教、因需施教。对于不同项目，在教学过程中应设定不同的环节、不同的目标，应有不同的侧重点。通过开展第二课堂、开设选修课、举办特色讲座等方式，帮助学生开展实用性知识的学习和实践。

（二）教学设计与实施

1.项目设定

依据"田野+"四大实践场域进行项目设计，具体设定见表10-1。

表 10-1　会展策划竞赛评分表

项目来源	适用范围	成果目标	能力要求	项目举例
现实问题	适用社会应用、实践	以解决现实问题、产生社会或经济效益为成果物	对学生动手能力要求较高	非遗传承与保护
企业委托	适用和企业联系紧密、解决具体问题的教师	以满足企业需求为成果物	对学生理解甲方要求、按照委托目标完成任务的能力要求较高	湖北省博物馆研学旅行课程设计项目
学生创业	适用于具有浓厚的创业动机与资源的学生和教师	以学生探索和达成创业发展目标为成果物	对学生自主意识、创业动机要求较高	
社会调研	适用关注社会现象、政府政策的教师	以撰写调研报告、挑战杯项目书为成果物	对学生洞察社会现象、人际沟通能力要求较高	委托调研红色旅游发展现状与对策
竞赛	适用指导学生参与"互联网+"创新创业大赛、"创青春"、"三下乡"以及专业学科竞赛的教师	以完成参赛作品为成果物	对学生竞赛能力、抗压能力要求较高	

2.项目发布与学生组织

首先向学生发放项目来源和项目需要达到的成果目标，并明确项目成果形式和要求；其次招募对项目感兴趣的学生；最后组建学生学习团队。

3.项目迭代与推进

项目迭代与推进主要包括项目导入、学生汇报、分组讨论、焦点发言、延伸思考、总结升华等几个阶段。首先，项目导入就是项目选择，需要把握三个要点：项目应紧扣理论知识，项目难度要适中，项目应强调团队协作。其次，每组项目负责人组织成员集体讨论，整理意见，制定出整体实施方案。同时，指导教师可适当引导、鼓励学生创新。然后进行汇报分享，其他组同学边听边提问，由汇报人或本组其他成员回答。汇报完毕后，其他组同学和教师根据项目完成、汇报及回答问题情况进行打分。最后进行项目总结。总结能够将项目实施过程升华，既梳理了项目实施的思路，又锻炼了学生的写作能力。

4. 成果展示与评价

成果展示与评价按照设计作品—汇报路演—论文报告—社会评价—竞赛成绩—客户评价等流程开展（见图10-1）。

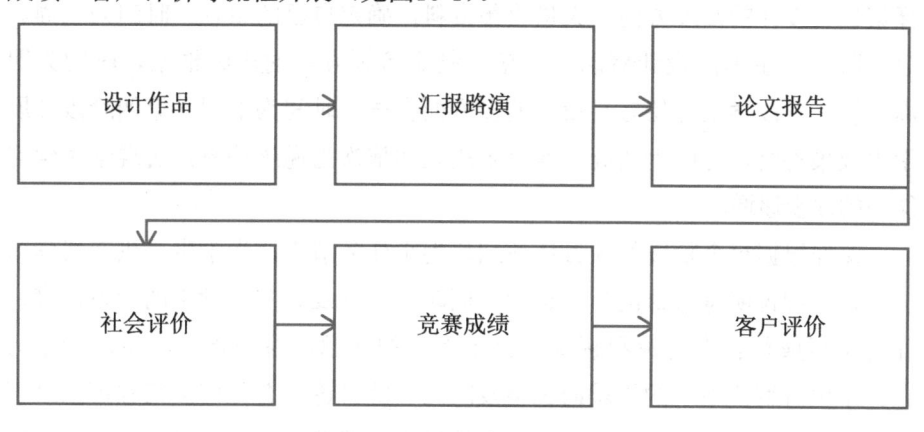

```
设计作品 → 汇报路演 → 论文报告
                              ↓
社会评价 → 竞赛成绩 → 客户评价
```

图 10-1　成果展示流程图

二、课程项目制教学改革方案

（一）改革思路

教学改革一直秉承"以学生为中心"的培养模式，落实到课程练习的环节当中，运用有利于学生实践能力和创新精神培养的多样化教学方法，增强"项目制教学"的实验性和探索性，实践"重视基础，反映时代，面向前沿，交叉融合"的改革思路。在教学方面，明确课程性质，教师根据课程内容以及学生的学习情况进行科学规划，设定项目目标和项目任务，启用线上线下教学，同时植入专家分享、案例分享混合式教学模式展开具体教学，成功锻炼学生的综合实践能力和探索能力。在学习方面，教师在教学中完成具体的课程设计，为学生讲解疑难问题，进行深入研究和讨论，引导学生集思广益，发散思维。教师要对学生提出的常见问题给予共性指导，积极从不同角度探索。下面以"会奖旅游策划"课程为例具体展开阐述项目制教学改革。

（二）具体教学项目推进设计

将策划性项目分为四个阶段：第一阶段根据竞赛实施细则，学生确定选择策划大设计的发展方向，大量收集资料，确定自己的主题，时间为三周。第二阶段学生提出设计概念与策略，制定策划方案的思维框架，时间为四周。第三阶段学生开始方案设计的多方面尝试，时间为七周。第四阶段开展学生成果答辩，时间为两周。四个阶段之间依次为递进关系，实现学生学习能力的逐步递增。

课程根据每个阶段的项目任务细化为小任务节点，为学生提供在线学习资源，详细说明每节课的学习进度。同时，教师及时监控学生的学习进度，并与小组成员合作讨论和解决项目工作中的问题，参与指导学生的疑难问题。学生有解决不了的困难问题会及时与教师讨论，有任何疑问都可记录下来。将课堂影响力扩展到课前和课后的过程，能够为学生提供一种不同于传统教学的、随时随地学习的体验。

1.教学过程

从课程开始的第1周，教师就导入了项目内容，介绍全国高校会展创新创业实践竞赛（包括策划、数字策划、调研、营销、设计、现场管理、沙盘布局及展洽环节等赛道）实施细则、评分标准、注意事项等。以项目内容为基础，把学习过程置入较为复杂的案例和项目情景中，以学生为中心，以线上自学、小组讨论、小组汇报的形式，让学生自主合作来解决问题，完成项目。

"会奖旅游策划"项目制课程改革实践可以将教学过程分为以下几个阶段（见图10-2）。

（1）课堂学习，理论储备

通过课堂教学，帮助学生做好两方面知识储备。一方面是关于会展项目策划的基本流程，包括会前、会中和会后三个核心板块；以竞赛细则为依据，针对项目策划的各个环节讲授相关理论知识。具体内容主要有会展六要素、展区规划、日程的编写、视觉材料的制作设计、媒介宣传、风险预案等。另一方面是关于项目策划书的编写技巧。从教师来说，充分准备好教学资料，熟悉教学内容，认真分析教学大纲，明确各章节的教学重点和难点，

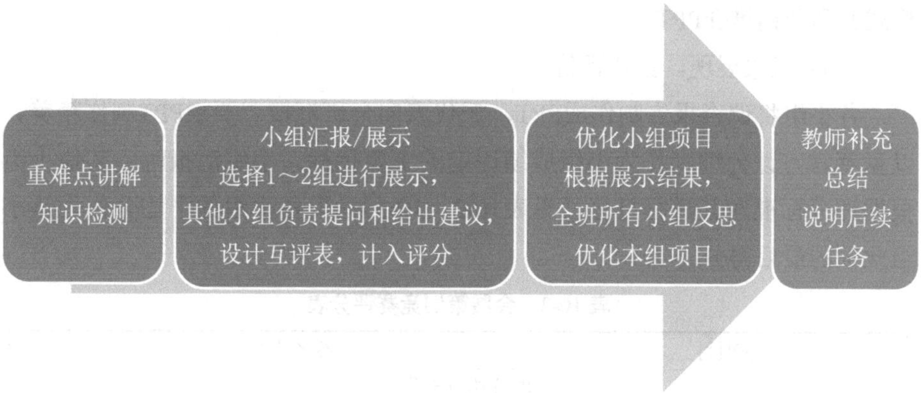

第十章 旅游管理专业"田野+"实践教学案例展示

重难点讲解 知识检测 → **小组汇报/展示** 选择1~2组进行展示，其他小组负责提问和给出建议，设计互评表，计入评分 → **优化小组项目** 根据展示结果，全班所有小组反思优化本组项目 → **教师补充 总结 说明后续任务**

图10-2 项目制课程改革实践流程图

做好学生的学情分析，把握学生在学习过程中可能遇到的问题，利用QQ社交平台组建课程班级答疑群，开展日常教学答疑和交流，发布学习任务、课前案例、竞赛优秀作品等，引导学生主动学习。

（2）选定对象，接受任务

参照竞赛组委会发布的竞赛通知，根据自己的兴趣和研究能力，在六个赛道中选择确定某一赛道，接受策划任务，并明确本项目的具体要求。

（3）分组讨论，明确分工

按3~5人为一组进行分组，并告知各小组具体任务，包括：搜集资料、制定方案、准备物品、采集数据、撰写报告、制作PPT、汇报成果等。要求各小组推荐一名组长，由组长负责分工并协调各组员之间的工作，并需要在完成各项任务时严格实行"专人负责、全员参与"的原则。

（4）搜集资料，项目讨论

要求各小组尽可能多地搜集项目策划选取的城市目的地、策划主题等相关信息，包括相关的文字资料及图片等，并告知学生可能获取上述信息的方法和途径。同时进行三次项目讨论，分别对策划项目主题确定、CIS设计、营销方案、风险预案等内容进行头脑风暴，完成项目的讨论。

（5）整合资料，完成方案

按照竞赛要求，完成方案设计。会展项目策划方案要求撰写5000字以上，配套PPT在25页以上。还要完成城市营销企划书（要求3000字以上，PDF

格式）和营销推介PPT。

（6）成果展现，集体评价

各小组将调查报告制作成PPT，派代表向全班汇报。要求PPT制作精美，以竞赛官方评分细则作为小组成绩评定的主要指标。小组汇报时，其他小组根据评分标准对其进行打分（见表10-2，10-3），取各小组的平均分作为该小组此项的最后得分。

表10-2　会展策划竞赛评分表

评分项目	参考指标
项目策划的完整性（20分）	立项分析（5分）
	项目运作计划（5分）
	项目营销推广（5分）
	项目预算（5分）
项目实施的可行性、各部分逻辑性（20分）	项目实施的可行性、可持续性以及各部分内容的逻辑性
项目实施的创意（20分）	项目构思的创新（创意）点；项目的整体呈现形式
陈述表现（20分）	仪态仪表（10分）
	表述清晰、有条理（10分）
现场答辩（20分）	对所提问题的准确理解、机敏反应；回答问题明确扼要；结合陈述深入答辩
总分（100分）	

表10-3　会展城市营销竞赛评分表

评分项目	参考指标
对所营销城市背景情况的了解（20分）	城市发展历史；城市竞争力和发展水平；城市竞争力的其他信息数据（5分）
	目标城市当前推广营销现状；收集目标城市推广宣传等资料（5分）
	营销推广的创意和创新（5分）
	营销的主题、口号、内容等描述（5分）
对所营销城市情况的分析评价（25分）	对目标城市的整体评价分析（9分）
	对目标城市的优势特色分析（9分）
	对目标城市的缺点不足分析（7分）
对所营销城市采取的营销方式（25分）	营销推广的计划和实施（25分）

(续表)

评分项目	参考指标
营销方案的文字表达和现场陈述（20分）	营销方案的文字表达水平；代表队人员仪态仪表风度；现场陈述表达清晰有条理（中文10分、英文10分）
代表队人员现场答辩的表现水准（10分）	所提问题准确理解；回答问题明确扼要；结合陈述深入答辩（6分）
	连续追问反应机敏；队员之间配合默契（4分）
总分（100分）	

(7) 教学反馈，总结提升

教学反馈包括两个方面：一方面是各小组提交的策划方案，另一方面是各小组的成果陈述。调查报告的反馈要求教师根据提交报告的质量对各小组进行评分，并以评语的形式指出报告的可取之处和有待提高的地方。小组进行成果陈述后，要求其他小组现场依次公布评分，并加以简要点评。各小组根据教师和其他小组的反馈信息，在下个项目中加以改进。

2.学习效果

首先，学生根据课题能够积极主动完成整个课程的课题作业，自主寻找学习平台与资源，调研与采集课题相关数据与资料，由被动学习转变为主动学习，乐于参与其中。

其次，项目研究以小组为单位，组长统筹整个小组的进度与分工，成员明确分工与实践目的，真正做到策划团队协同合作，实现设计流程中的合理分配与优势互补，使学生懂得团队合作的重要性。

最后，学习成果的产出与课题汇报，学生完成整个流程的学习后，成果由文案写作与汇报两个部分组成，真正实现学生学习闭环。学生学习效果优良，真正做到学习有深度与广度，并且具有实践精神。

（三）实施成效

在项目制教学模式下，学生的主体地位得到了确立，并通过上文所述的过程考核评价强调了学生的过程学习，学生的学习积极性有了明显的提高。学生通过课堂教学、线上线下混合式学习后，学会将这些知识应用于实践，而且学生将所学策划理论知识与竞赛项目相结合，并将理论运用于实践活动，充分发挥了学生的主动性和创造性，提升了自身的科研水平和实践能力。改革实施成效见表10-4。

表10-4 项目制教学改革实施成效

年份	项目名称	获奖等级
2017	香奈儿公司会奖旅游策划竞赛方案	国家一等奖
2018	绿地（上海）公司会奖旅游策划竞赛方案	国家一等奖
2018	依云公司会奖旅游策划竞赛方案	国家一等奖
2019	依文中国手工坊会奖旅游策划方案	国家一等奖
2020	HM三亚会奖旅游策划方案	国家一等奖
2020	RIO三亚会奖旅游策划方案	校级一等奖
2021	苏州稻香村三亚会奖旅游策划方案	国家二等奖
2021	中国邮政有限公司三亚会奖旅游策划方案	校级二等奖
2022	平潭会展城市营销方案	国家二等奖

（四）小结

将项目制导入该课程的教学环节，有助于学生早日确立专业学习目标，并通过团队合作提高识别、表达、分析较为复杂的设计问题的能力。

一是以实训为先导。本教学模式实行项目化教学，教学目标、教学任务和教学步骤均以实训为依托，注重学生在实践中理论知识的运用和实践技能的锻炼。理论部分的教学亦是为完成实训教学作铺垫。

二是以能力为向导。本教学模式除了训练学生策划方法运用等专业技能外，也检验并培养学生在沟通协调、团队合作、文字描述、语言表达以及PPT制作等多方面的能力素养，以此强化学生全方位能力的培养。

三是以教师为引导。本教学模式中，教师一改传统的角色定位，由"满堂灌"的知识传授者向启发式的学习引导者转变。引导学生主动地学习，激发学习热情；引导学生科学地实训，提高实训效率；引导学生进行团队协作，培养合作精神；引导学生进行创新，培养创新意识。

四是以学生为主导。从资料的搜集到方案的制定、从组长的产生到组员的分工、从成果的展示到成绩的评定，本教学模式赋予学生极大的主导权，目的是最大限度地激发学生的自主学习热情、培养学生的责任心。

第二节 "田野+竞赛"实践教学案例

一、以赛促学的第二活动课堂

竞赛是在紧密联系课堂教学的基础上，通过竞赛的形式，多方位考查学生掌握的学科基本理论知识，以及应用知识解决实际问题能力的系列化课外实践活动。在参与专业竞赛的过程中，主动学习专业知识，并积极地把知识转化为解决实际问题的思路，再将思路转化为切实可行的方案。在第二课堂中，解决问题的方案也可以得到验证，因此基于竞赛的教学在培养大学生创新能力方面具有很大的优势。

采用传帮带方式，一年级学生主要打基础，二年级的学生既可以独立申报大学生创新创业训练计划项目，也可以组建团队参加校内外竞赛。一般而言，二、三年级学生是项目申报与竞赛的主要力量。学生可以在参加专业竞赛的基础上，参加"互联网+""挑战杯"等综合类赛事，实现专业竞赛与"三创赛""互联网+"比赛的协同。这一阶段，教师精心制订教学计划，利用项目制教学法，在课程中引入项目与竞赛单元，结合大赛竞赛内容，以指导老师和参赛小组团队成员为主体，通过"前期竞赛辅导—范式培训—专业指导—项目答辩展示—项目复盘修改—方案完善"，达到以赛促教，以赛促学，学赛结合。

2023年3月22日，中国高等教育学会高校竞赛评估与管理体系研究专家工作组发布了《2022全国普通高校大学生竞赛分析报告》，报告中给出《2023全国普通高校大学生竞赛分析报告》竞赛目录，共有84项学科竞赛上榜。其中2023年新增的29项赛事，是教育部官方认可的，最具含金量、最具参赛价值的赛事，具体名单见附录D。

二、"田野+竞赛"实践成果展示

（一）"互联网+"大学生创新创业大赛

中国"互联网+"大学生创新创业大赛，是由教育部与地方政府、各高校共同主办的一项技能大赛。大赛旨在深化高等教育综合改革，激发大学生的创造力，培养造就"大众创业、万众创新"的主力军；推动赛事成果转化，促进"互联网+"新业态形成，服务经济提质增效升级；以创新引领创业、创业带动就业，推动高校毕业生更高质量创业就业。

以下对部分参赛作品进行展示。

项目一：

西兰卡普非遗数字化保护平台

1.项目概述

时代的发展推动了公众对于文化的需求，增强了民众对于文化遗产的保护意识，人们越来越重视非物质文化遗产的保护及其背后的文化符号和文化内涵。

党的十九大报告指出："文化是一个国家、一个民族的灵魂。文化兴国运兴，文化强民族强。没有高度的文化自信，没有文化的繁荣兴盛，就没有中华民族伟大复兴。要坚持中国特色社会主义文化发展道路，激发全民族文化创新创造活力，建设社会主义文化强国。"发展以特色文化与文创产品相结合的文化产业，是建设社会主义文化强国的必由之路。

如今西兰卡普非遗文化的传承和市场仍存在诸多阻碍：传承机制的缺位、大众对织锦缺乏了解和兴趣、织锦自身功能性和对民族生活表现力淡化、设计不被主流市场认可、产品类型单一、销售市场狭窄、较低的投入产出比、市场观念落后、与同类文创产品相比竞争力弱等。

为解决西兰卡普所遇到的问题，毕兹卡团队从文化保护、文化传承、产业转化三方面为西兰卡普织锦的保护和发展做长期规划。建立西兰卡普非遗数据库，利用数字化线上平台可以系统介绍西兰卡普的特征、性质、渊源、技艺等，提高大众认知度从而挖掘更多潜在消费者。

搭建数字化保护平台，达到扩大宣传力度、拓宽西兰卡普织锦销售市场的效果。将织锦文化与当地民族旅游产业有机结合，通过旅游业带动土家织锦的发展，实现"非遗+扶贫"互利共赢，建立一种"双赢"的传统手工艺的新型产业经济模式。由于商品化的西兰卡普更具有市场活力，其生产制作将会变成以市场需求为导向，能够充分利用其经济适用价值，打造出如旅游纪念品、日常生活用品等兼具土家特色和个性化的文创商品。

通过基于数字化平台的文化内涵保护作为发展产业经济的基础，产业经济才有灵魂。产业经济为文化传承做支撑，文化保护才能更长远。在三个方面的共同作用下，为西兰卡普带来持续消费力和相关消费群体，扩大市场的同时也响应了国家政策，助力精准扶贫，促进社会的发展与需要，助力乡村振兴和建设社会主义文化强国的实现。

2. 小程序设计

非遗数字化保护平台共分六个板块

展览馆：

（1）图样展示。展览馆主要展示西兰卡普纹样、成品，通过展览馆可使用户初步了解西兰卡普。

（2）个性化调色。用户可根据平台提供的调色设置，结合自己的喜好，进行个性化调色，增强用户互动性、参与性。

（3）文化意义。通过介绍西兰卡普相关文化知识，将民族文化和西兰卡普结合起来，展示文化内涵（如哭嫁、南戏、摆手舞等）。

（4）衍生品。将西兰卡普与新时代商品相结合，生产出口罩、杯子、靠枕等衍生商品。

"我"与西兰卡普：

（1）传说故事。介绍与西兰卡普相关的传说、故事等材料，通过故事讲解，使用户更加了解西兰卡普，吸引用户兴趣。

（2）符号意义。介绍西兰卡普纹样所代表的内在含义，顺应新时代文化传承。

（3）非遗传承人。通过介绍、直接对话西兰卡普非遗传承人，了解目前的非遗传承现状，并使用户根据自己的见解提供相关的建议。

数字化保护：

（1）纪录片。拍摄西兰卡普相关纪录片，真实客观地展现西兰卡普的制作过程，可以更直观地介绍西兰卡普，使传播更为方便。

（2）宣传片。拍摄西兰卡普相关宣传片，增强其知名度，通过宣传西兰卡普及其周边文化，扩大其影响范围。

（3）美术图画。通过设计创新纹样，从而产生新的文化含义。

调查问卷：

（1）通过用户的实时反馈，及时调整数字化保护方向，根据用户个性化需求，调整数字化保护平台运营。

（2）新闻报道。发布、转载与西兰卡普新闻报道，实时关注最新动态。

试衣馆：

用户可通过试衣馆虚拟技术实现线上实时换衣，挑选适合自己的服饰。这样可以大大提高用户参与度。

商品选购：

通过提供淘宝链接、微信商城、小程序等形式为用户提供商品购买渠道。

项目二：

武花游App

1.项目简介

赏花自古以来就是一大美事，在历代文人墨客的推崇下，赏花不再是一种单纯的观赏性活动，更是一种表达内心感受和精神理念的存在。古代赏花有很多讲究：观花色——绝美为艳、闻花香——花分九品、赏花姿——形势第一、品花韵——寻花品质、看花历——每月不同。在崇尚自然，讲求人与自然和谐相处的今天，赏花活动还被赋予了天人合一的时代精神。

武汉独特的地理环境和亚热带季风性气候，决定了武汉是一座鲜花之城，一年四季皆可赏花。可是人们一提到武汉就会想到黄鹤楼、江滩等景点，武汉的花卉旅游资源鲜有人问津。其实，武汉自2013年起就开始了"新花城"的打造。在2013到2015年期间共投资了3亿元，打造"两园""两中心""六区"，培育18大赏花公园，装扮11条景观花街，扮靓江城，向全国展示"美丽江城新快线，浪漫武汉赏花游"的新名片。

针对武汉市2019年最新的"花点时间游武汉"的口号，我们借机打造出一款整合了武汉市花卉旅游资源并为来汉游客和武汉市民提供线上便民服务的App，让武汉市民和游客既能便捷地了解和欣赏花卉资源，又能识别不同的花卉加深其认识，更能让赏花游不再只停留在摸不着头脑和走马观花式的浅体验。我们还提供花卉文创产品和农副产品，在拉动武汉农业经济发展的同时，为游客留下一份属于武汉花卉的回忆。

武花游中"武"表明本款App主要针对的是来汉的游客和武汉市民，主打武汉市内的旅游资源。"花"字点明本款App的核心功能将围绕花卉旅游资源展开，细分了市场并且为用户提供精准服务。"游"表明本款App最主要的目的是让游客和武汉市民用手机就可以自助式游览武汉所有的花卉景点。再加上"武花游"与"五花肉"谐音，这样的取名迎合了当今青年群体流行的亚文化风格，瞬间拉近了本款App和年轻人的距离。

2.项目特色

武花游是一款融合了拍照识花和智能生成旅游线路的创意App。不同于以往的App只是单单针对智能识别或者科普教育等某一个功能，武花游在以人为本的同时，通过整合武汉市花卉旅游资源，为游客打造出一条条极具个人特色的旅游路线，提供最人性化的服务。

武花游更是一款日常出游必不可少的服务性App。在出游前，可以使用其拍照识花功能，通过快捷的一键识别花卉方法，了解花卉小常识。该App还能让用户在生活中随时随地感受到生活的芬芳，体味生活小美好。武花游App还将推出花期预报功能，通过与景区合作收录花期信息，定时为用户推送最佳赏花时间和地点，让游客不再错过美好。在出游中，用户可以使用智能生成赏花路线功能，让自助游成为真正意义上的自给自足。通过大数据筛选，App可根据用户的需求生成最适宜的武汉赏花路线。在出游后，用户更是能在本款App上购买和定制化武汉花卉文创产品，如花簪、花纹系列汉服、花纹手账本等；还能购买武汉特色花卉农副产品，如樱花饼、精油、香薰、鲜花萃取的护肤品等，让游客在旅游后还能留下一份属于自己和武汉的独家回忆。本款App还会每日推送花卉冷知识和举行一些积分兑换衍生品的活动，在日积月累中培养用户对花卉的兴趣，提高用户对武花游App的依赖度。

武花游App在增强用户旅游体验感的同时，紧跟时代脉搏，通过推介武汉农产品推动武汉农业经济发展；通过"互联网+旅游"的模式，大力推动武汉市绿色旅游产业的发展，与习近平总书记的"绿水青山就是金山银山"理念不谋而合。

3.产品及服务

武花游App通过"互联网+旅游"，利用互联网优势线上整合武汉市花卉旅游资源，满足用户旅游出行需求。本款App主打四大功能：拍照识花、花期预报、智能生成旅游路线、售卖和定制衍生品（见图10-3）。

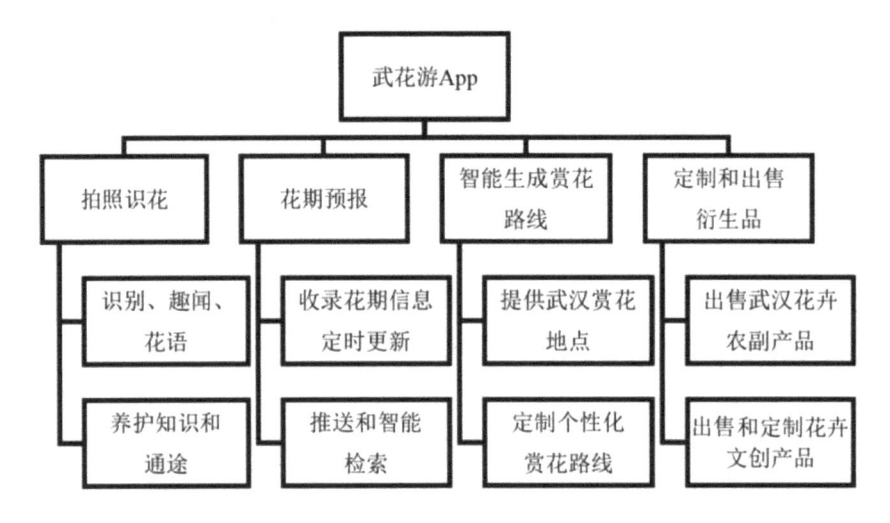

图 10-3 武花游 APP 功能图

（1）基础功能：拍照识花

拍照识花，是本款App的基础功能。武花游App将与中国科学院武汉植物园合作，收录近4000种植物，在满足用户的好奇心的同时保证高识别准确率。武花游App不仅仅告诉用户这是什么花，还会对此进行扩展，讲述花语、趣闻、历史和养护知识，做到真正的授人以渔，让用户在欣赏花卉的同时能增强对花卉内在含义的理解。武花游App的主页上还将会定时推送最新花期预报和一些花卉冷知识，让用户及时了解花卉旅游信息。

（2）便捷功能：花期预报

花期预报，是本款App的便捷功能。设置花期预报功能的目的是宣传景区花卉资源和让旅游者轻松获取最佳赏花时间，从而推广"大武汉，新花城；

月月有花,季季有景"这一理念。我们将专门设置一个花期预报板块,通过与景区合作收录花期信息,并定期更新,旨在为用户提供最具时效性的赏花时间信息。本板块还配备有弹框推送和智能检索功能。一方面,弹框推送功能可以激发用户的赏花旅游兴趣,挖掘潜在游客;另一方面,为有赏花需求的用户主动推送花期信息,从而把潜在游客变为现实游客。

(3)特色功能:智能生成花卉旅游路线

智能生成花卉旅游路线,是本款App的特色功能。武花游将对武汉市的花卉旅游资源做一个分类和整合,为用户提供武汉市花卉景点地址和花卉旅游路线。对于不了解武汉市花卉资源分布的用户来说,可以通过本款App获取武汉市花卉景点的准确位置和交通路线;对于想要深度了解武汉市花卉资源的用户来说,可以通过本款App的智能生成路线功能,根据自己的行程时间、兴趣爱好和季节打造出一条个性化旅游线路。武花游将在真正意义上做到以用户需求为出发点,通过大数据筛选为游客提供最佳武汉赏花景点和路线。

(4)辅助功能:定制和出售衍生品

定制和出售衍生品,是本款App的辅助功能。定制和贩卖衍生品主要分为两大部分:售卖武汉市特色花卉农副产品、出售和定制花卉文创品。武汉市花卉旅游资源众多、花田面积大。本着物尽其用的原则,在不破坏景观生态性、观赏性的前提下,对可利用的花卉进行采摘、回收,通过加工制作成具有经济价值、食用价值、欣赏价值的花卉农副产品。这一板块不仅能保护环境,还能促进武汉市农业产业发展,为武汉市经济发展助力。武花游App还将为优秀独立设计师提供平台,让其发挥创意在本款App上分享花卉文创产品,紧跟时代脉搏,让文化融入旅游,让用户能在武花游App上购买到有心意、有创意的产品,让来景点的客流变现,实现景区商品增收,打造出武汉特色纪念品,提升武汉旅游品牌形象。

(二)全国大学生市场调查与分析大赛

全国大学生市场调查与分析大赛(简称市调大赛)由中国商业统计学会创办于2010年,是由教育部高等学校统计学类专业教学指导委员会和中国商业统计学会共同主办,正大集团冠名,面向全国高校大学生的一项公益性专业赛事。市调大赛旨在引导大学生创新和实践，提高大学生组织、策划、调查实施及数据处理与分析等专业实战能力，培养大学生的社会责任感、服务意识、市场敏锐度和团队协作精神。市调大赛连续四年纳入《全国普通高校学科竞赛榜单》，是统计领域唯一入榜的全国性一流竞赛项目，也是海峡两岸及香港、澳门学术引领、政府支持、企业认可、高校师生积极参与的多方协同育人平台。

以下对部分参赛作品进行展示。

关于湿地生态旅游体验对旅游者环境责任行为影响的调查研究
——以武汉东湖生态风景区为例

环境责任行为是近几年来人们时常讨论的热点，生态旅游者自身的环保意识，生态旅游体验，在一定程度上都影响着其在生态旅游活动中的一言一行。自党的十八大以来，习近平总书记提出了"绿水青山就是金山银山"的理念。"两山"理论的提出，标志着我国生态文明建设迈入了新的历史阶段，原本牺牲环境换财富的错误理念彻底湮灭在历史之中，取而代之的是"绿水青山就是金山银山"的新发展理念。在此理念背景下，生态环保与生态健康越来越为人们所看重，由此所产生的生态环保经济在我国市场逐渐崛起。而湿地生态旅游风景区由于其独特瑰丽的风景格外受旅游者喜爱，但其脆弱的生态环境意味着其极易遭受破坏。为了研究如何让湿地类生态风景区更好地引导旅游者对风景区环境进行保护，提高生态旅游风景区的旅游资源保护，进一步营造文明旅游风景区，本文以武汉东湖生态风景区为例，探究了生态旅游体验对旅游者环境责任行为的影响。

武汉东湖生态旅游风景区，是国家级湿地公园、国家5A级旅游景区、国家重点风景名胜区、全国文明风景旅游示范区。同时它也是世界级赏樱胜地，华中最大的植物资源宝库，全国最大的城中湖之一，拥有全亚洲排名第一的绿道，东湖荷花园也是世界规模最大的荷花基因库。战国时，屈原曾泽畔行吟；三国时，刘备曾磨山郊天；唐朝时，李白曾湖边放鹰；伟大领袖毛泽东也曾48次到东湖视察，64个不同国家的贵宾曾到此留下足迹。历史的时光交错，积年累月沉淀出了武汉东湖的"名湖气质"。

在此次调查中，笔者将生态旅游体验主要划分为教育、审美、参与、遁世四大维度。首先，确定以"生态旅游体验—环境责任行为"的路径进行实证研究，并以四大维度为基础构建生态旅游体验情境下游客环境责任行为驱动因素的模型；其次，发放调查问卷，在探索性因子分析和验证性因子分析的基础上，构建方程模型对研究路径进行探索研究；再次，在回收的数据中通过旅游者的学历、职业、年龄等人口统计学特征来分析其是否具备差异性；最后，依据数据分析结论找出影响游客环境责任行为的关键因素，并对景区提出相关建议。

通过研究及数据分析，结果表明：（1）游客的教育体验会对环境责任行为产生显著的正向影响作用，在景区文明标语与环保科普较多的情景下，旅游者更愿意进行环境责任行为，为环保贡献力量。（2）游客的审美体验对环境责任行为产生显著的正向影响作用，在景区自身整洁度较高，景区布局合理有序的情境下，旅游者下意识地会进行环境保护，以防破坏美景。（3）游客的参与体验对环境责任行为有显著的正向影响作用，调查发现经常性前往东湖游玩的旅游者会更愿意保护东湖，作出环境保护行为。（4）游客的遁世体验对游客环境责任行为有显著的正向影响作用，当旅游者在东湖感到放松，自身负面情绪被缓解后，进行环境责任行为的意愿会更强。（5）旅游者受学历、职业、年龄等的不同，环境责任行为会出现一定差异，高学历、专业从业者与中老年人等会更注重环境方面的保护。

由此我们根据上面的结论对景区管理部门提出四个建议：（1）增加景区内环保标识牌与环保宣传语的数量，同时在景区各大入口竖立环保科普展览板，提高景区游客环保认识度；（2）进一步优化景区布局使之更加合理，同时注重景区内环境整洁度的保持以提高旅游者的审美体验；（3）加强宣传，积极推出景区活动，扩大景区影响力，保持旅游者旅游黏性；（4）积极组织开展能让旅游者轻松解压的旅游活动，深入到景区景色当中，放松旅游者心情；（5）针对性进行宣传，可运用大数据对老年人、高学历者等人群进行定向宣传，吸引更愿意进行环境责任行为的旅游者来游玩。

（三）全国高校商业精英挑战赛会展专业创新创业实践竞赛

全国高校商业精英挑战赛会展专业创新创业实践竞赛（以下简称会展竞赛）是中国高等教育学会高校竞赛评估与管理体系研究专家工作组每年发布的《全国普通高校学科竞赛排行榜》中的上榜赛事。会展竞赛经过十余年的培育发展，已成为我国会展教育领域中院校覆盖全面、校企合作深入、国际交流广泛的赛事活动，形成了集学科竞赛、产学合作与国际交流三位一体的创新实践平台。下设会展项目策划、会展城市营销、数字会展项目策划、会展项目调研、会展项目设计等五个赛道。

竞赛内容：一个会展项目（包括但不限于展览项目、会议项目、节事活动项目或体育赛事等方案）的整体策划，选题不限，既可以对市场上已有的会展进行重新策划，也可以选择新的项目进行策划。

以下是会展城市营销成果部分展示。

平潭城市CIS营销推广方案
一、理念识别系统——MI

MI：与会平潭，守护这片蓝

过去，海洋作为平潭的特色和优势，是平潭的经济命脉，是平潭经济社会发展的重要基础资源。现在，开发海洋、利用海洋、发展海洋经济成为新平潭发展的重要领域。

海洋生物多样性保护论坛倡议：我们要做海洋生态安全的倡导者，为海洋生态文明建设作出积极努力；做海洋生态保护的践行者，不污染海洋环境；做海洋强国战略的推动者，积极推动我国从海洋大国向海洋强国转变。蔚蓝的大海像一座神秘的宝库，它孕育了无穷无尽的生命，每一份蔚蓝都值得被守护，让我们携手守护这片"蓝"。这正与平潭城市发展理念不谋而合。

"与会平潭"一是指欢迎大家前往平潭，认识平潭、体验平潭、感受平潭；二是指希冀竞标"2023海洋生物多样性保护论坛"在平潭召开，借该论坛的召开，号召大家一起保护平潭这一座美丽的"蔚蓝城市"。

二、视觉识别系统——VI

VI：五个IP形象

IP（intellectual property）原意是法律专业的知识产权的英文缩写，随着互联网的发展，IP被应用于城市运营，因此有了城市IP的概念。我们当下生活在信息经济高速发展的时代，城市IP可以作为一个符号化、形象化的具体形象，展示城市的精气神特色。城市IP具有内容丰富有吸引力，自带流量有传播力，而且能够被商业化有变现能力的突出特征。伴随着新媒体的蓬勃发展，城市IP已成为植根于新媒体生态的一个概念。新媒体和城市IP结合，是推动城市国际形象传播的源动力。

参考日本熊本县，其成功打造了城市超级IP熊本熊。熊本县本是一个名不见经传的弹丸之地，也是个传统的"农业大县"，为了发展旅游业，熊本县创造出熊本熊这个形象，塑造出一个"憨态可掬，抹着腮红，经常用手捂嘴，笨笨地抬脚"的黑熊形象，从而将熊本县的城市品牌快速引爆，将其从一个贫穷落后的农业县变身成为国际知名旅游胜地，产生了巨大的经济效益。

平潭有着丰富的海洋资源，具有独特的海洋生态优势。我们选取四种海洋生物和平潭爆款旅游IP"蓝眼泪"，设计了五个IP形象，针对不同群体的体验活动打造五个维度的拟人化动物对应五种旅行体验（见图10-4），为各种群体打上不同标签，使旅途充满乐趣。

章小染

八爪鱼是海洋中的代表性生物，八爪鱼有八只触手，代表环境保护中抓污染要面面俱到。

蟹小居

代表着平潭是一个宜居的城市，其次也表明居民是平潭海洋生态环境和保护的重要力量，保护环境需要全体居民共同努力，象征平潭城市环境和谐团结。

蓝小泪

代表着平潭最具有代表性的旅游吸引物——蓝眼泪。蓝眼泪的形成很大程度得益于平潭良好的海洋生态环境，现已成为平潭标志性景色。

蓝小豚

海豚天性善良、聪明、活泼欢快，是一种美好的象征，寓意着平潭人民和海洋友好相处，也代表着平潭是一个旅游友好型城市。

嗨小马

嗨，代表打招呼。嗨小马寓意平潭人民欢迎各地游客来游玩，希望所有人都能玩得很"嗨"。

图 10-4　平潭旅游 IP 形象示意图

Ⅵ：城市营销 logo

整个 logo 色调为蓝色。一是体现此次城市营销主题和竞标会议关注主题——海洋；二是指"平潭蓝"，即一想到平潭，想到的就是那蓝色的世界，还有平潭最大的城市 IP——蓝眼泪。整体 logo 呈现出的"岚"字是平潭的简称，"岚"字框架的灵感来源于海坛古城，代表着平潭。logo 下方线条蓝色代表平潭最大的特色资源——海洋，也与竞标会议主题吻合。同时海浪是一个手的形状，也是一个鲸鱼的形状，代表着海洋以及保护海洋生物。中间的鱼形基因链条代表着海洋生物多样性。整体寓意为守护平潭海洋生物多样性（见图10-5）。

图 10-5　平潭会展城市营销视觉 logo 示意图

三、行为识别系统——BI

营销推广规划主要由两部分组成,即A部分以不同主体为营销对象打造"三大活动矩阵"和B部分以不同时间段为线索推进"四大营销节点"。三大活动矩阵是政府和投资者(精准营销)、旅游者(体验营销)、居民(全民营销)(见图10-6)。

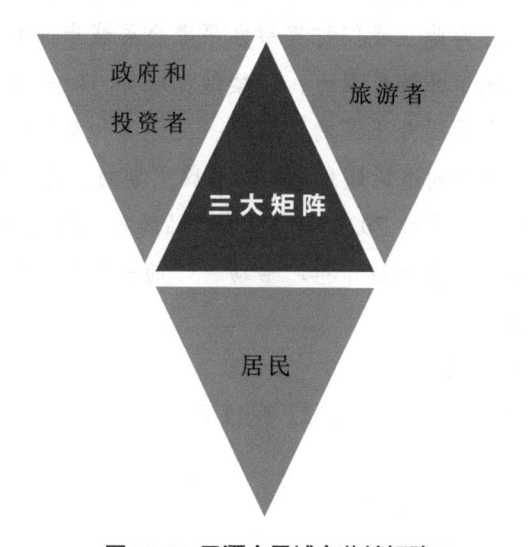

图10-6 平潭会展城市营销矩阵

(一)按三大矩阵划分

1.政府和投资者——精准营销

第一步,以超级IP为突破,塑造人格化品牌价值。

传统市场品牌、产品大同小异,同质化严重,无亮点特色。如传统红酒品牌定位于"高端、格调、文化",跟大众消费和需求相去甚远;而定位于青年消费群的品牌,如"青春""文艺范"等理念,则是未来的新机遇。互联网化品牌价值及体系梳理必不可缺。互联网时代需用品牌IP和人格化来解决品牌问题,塑造差异化品牌价值,让品牌成为一个超级IP。我们为平潭塑造的"平潭蓝"品牌,用五个拟人的IP,让海洋生物拟人化和生动化,便于跟消费者沟通和传播演绎,发挥空间更大。

第二步,以场景化产品形成刚需和流量。

以场景化、人群精准定位,实现产品创新,不但是基础功能,更要成为消费者心中的一种渴望和精神的需要。用极致产品带动核心产品体系的发展，形成合力，整体带动品牌形象和销量的提升。产品人格化：互联网时代，产品应具有生命力、情感化、文艺化，将产品拟人化、与粉丝互动。因此，产品表现出亲和力，才能被大众接受。小而美：互联网时代即告别大传播时代，传统的广告、铺货已经无力能及。而如今产品即小而美，自带流量，将简单做到极致就是完美。为此，我们打算举办平潭会展城市品牌推广周，就是为了进一步强化平潭城市品牌号召力，持续做优质量、做强品牌，让更多平潭品牌为平潭代言，全面提升平潭的知名度、美誉度和竞争力、影响力，线上线下联合发力，为平潭创造话题和热度。品牌周期间，在平潭举行 2 场线下活动和 3 场线上活动。通过 2023 年平潭城市品牌推广周启动仪式、平潭青年说、"抖音争霸赛"、系列城市推广活动、"局长带你游"等系列活动丰富城市品牌推广活动。

1.1 推广周启动仪式

（1）时间：2022 年 10 月—2022 年 11 月。

（2）地点：24 小时总部。

（3）主体：政府和投资者。

（4）活动亮点：网络造势，形成流量矩阵，引起公众注意。

（5）创意初衷：以一个比较正式的形式推广平潭品牌，作为推广周开端。

（6）操作形式：邀请世界旅游组织专家、文旅局局长、网络旅游 KOL 共同参与平潭会展城市推广周，助力活动进行。同时进行直播宣传，发布旅游优惠消息，吸引旅游者到平潭参观。发布其他线上线下活动资讯，积极召集网友、平潭居民、旅游者进行参与。

1.2 平潭青年说

（1）时间：2022 年 10 月—2022 年 11 月。

（2）地点：线上。

（3）主体：政府和投资者。

（4）活动亮点：立足青年视角，扩大群众参与度。

（5）创意初衷：青少年对于自媒体非常熟练，吸引其参与度。

（6）操作形式：作为面向青年群体营销城市品牌的重头戏，以青少年喜闻乐见的直播、短视频、图文等形式呈现，陆续推出"平潭青年街访"、"圆桌论坛·青说"、网络大 V 视角和角色体验互换等系列活动，制作不少于 15 个优质短视频。在推广周上，重点围绕平潭产业、名人、美食等品牌推广提供青年视角的生动展示，并在网易、腾讯、抖音、视频号、小红书、哔哩哔哩等各大视频及社交平台进行传播互动，力争打造引爆平潭朋友圈的"流量担当"。以五个 IP 形象召集青年形象代言人，参加"圆桌论坛"。

✓ 章小染

剁手玩家，购物发烧友。旅行的意义在于逛、买、吃，用购物抚慰受伤的心灵。

✓ 蟹小居

安逸睡客，躺平休闲人。如何疗愈疲惫身心？就应该换个理想的地方躺一躺。

✓ 蓝小泪

环保人士，无痕旅游者。如何在旅行中践行环保主义？坚持无痕行动。

✓ 蓝小豚

运动玩家，极致探索者。如何获得极致自由？就是要乘风破浪，突破自己。

✓ 嗨小马

艺术知青，知行合一者。如何才能博闻强识？就是要行万里路，身临其境。

1.3 抖音争霸赛

（1）时间：2022 年 10 月—2022 年 11 月。

（2）地点：线上。

（3）主体：政府和投资者。

（4）活动亮点：集合各个品牌合力，进行推广宣传。

（5）创意初衷：让平潭品牌做大做强。

（6）操作形式：组织文旅企业参加"蓝色品牌"抖音争霸赛。积极组织文旅企业、自媒体达人按活动要求参加短视频拍摄、制作、发布、传播，宣传推介品牌企业、品牌景区、品牌线路、品牌活动。截稿日（11 月 15 日）当天统计视频综合传播指数（浏览量、点赞量、评论量、转发量），同步组织专家评审确定综合排名靠前的 10 大品牌授予"平潭品牌领秀"荣誉称号，同时根据网络传播和大 V 推广评选"网络人气品牌""最具潜力单位""最受欢迎品牌"等单项奖。

1.4 系列城市推广活动

（1）时间：2022 年 11 月—2022 年 12 月。

（2）地点：青岛、成都、南京、三亚。

（3）主体：政府和投资者。

（4）活动亮点：到其他城市宣传推广，扩大影响力。

（5）创意初衷：利用其他热门旅游城市人流量，进行宣传推广。

（6）操作形式：在青岛、成都、南京、三亚的商业街搭建"平潭蓝"微型展厅，分为治愈蓝、活力蓝、乡愁蓝、艺术蓝、呼吸蓝五个板块。从五大不同主题来推广介绍平潭的旅游资源和会展资源，并同期举行路演活动，表演平潭非遗词明戏、闽剧、平潭印象等艺术作品。利用全息投影技术，投影平潭蓝眼泪，把蓝眼泪品牌做大做强。

1.5 局长带你游

（1）时间：2022 年 11 月—2022 年 12 月。

（2）地点：平潭。

（3）主体：政府和投资者。

（4）活动亮点：以 IP 为切入点，借助局长号召力打造五种不同特色的旅游线路。

（5）创意初衷：亲身体验平潭海洋生态，激发游客海洋环保意识。

（6）操作形式：围绕购物、民宿、环保、艺术、运动五大不同主题，设计旅游线路。以文旅局局长直播录屏的形式来推广介绍平潭的旅游资源和会展资源。比如环保主题，有艺趣游、山海游、奇妙游三条不同旅游线路，将环保和旅游结合起来，深度感受平潭的海洋生态

1.6 非遗环保展

（1）时间：2023 年 1 月—2023 年 3 月。

（2）地点：平潭。

（3）主体：政府和投资者。

（4）活动亮点：非遗结合环保，在内容上进行创新。

（5）创意初衷：让环保活动的内涵更加丰富。

（6）操作形式：展出平潭特色非遗文化如贝雕、柳雕、台湾灯伞，通过将非遗和环保结合起来，进行文创。观看以环保为主题的词明戏和闽剧，并鼓励旅游者和居民进行环保服化道创作，最后进行 T 台展示。

1.7 "你好，多样海洋"科普宣传

（1）时间：2023 年 1 月—2023 年 3 月。

（2）地点：北港文创村。

（3）主体：居民。

（4）活动亮点：VR 体验宣传教育印象更深，结合现代互联网推广程度推出"VR 看海底生物"体验展。

（5）创意初衷：蓝色科普宣传，认识海洋。

（6）操作形式：一是设置海洋 VR 互动体验展；戴上 VR 设备进行沉浸式体验学习海洋科普，可轻松快速体验到海洋生物的灵动可爱和被污染后的心灵呼唤，唤醒大家对海洋环保的重视，时刻体验感受到严重污染对海洋生物的伤害有多大。二是制作海洋生态环保册，手绘平潭海洋生物，发放临摹话本。三是举行海洋生物知识竞赛，挑战成功可领取环保礼盒。

1.8 蔚蓝行动

（1）时间：2023 年 1 月—2023 年 3 月。

（2）地点：北港文创村。

（3）主体：居民。

（4）活动亮点：海洋蔚蓝行动，守护家园回收垃圾与手工工艺装置艺术置换活动。

（5）创意初衷：蓝色科普宣传，认识海洋。

（6）操作形式：鼓励居民去海岸捡拾塑料、玻璃、渔网等海边废弃物，与环保工艺品进行置换活动。还可以旧物改造或者在旧物的二手小市场推出"石头厝—蔚蓝礼赞"系列产品，邀请平潭人民和艺术家在石头上绘出"海洋生态"主题画。

2.旅游者——体验营销

实施体验式营销，要考虑目标顾客，包括他们的喜好、行为、价值观；还要考虑产品的质量和功能、品牌的知名度和美誉度、产品的销售情况。曾预测了"第三次浪潮"到来的阿尔文·托夫勒预言：服务经济的下一步是走向体验经济，人们会创造越来越多的跟体验有关的经济活动，商家将靠提供体验服务取胜。体验式营销包含了品牌与消费者之间的互动、参与和活动，目的在于能够有效直接吸引消费者，邀请并鼓励他们参与品牌倡导的理念，与之共同成长，所以体验式营销最终的目的是契合。品牌应注重与顾客之间的沟通，发掘他们内心的渴望，站在顾客体验的角度，去审视自己的产品和服务，以顾客的真实感受为准，去建立体验式服务，以体验为导向设计、制作和销售产品。在针对旅游者的体验营销部分我们设计了一系列体验式微旅游活动，主要有"无痕露营""低碳环岛夜跑活动""平潭印象沉浸式表演"等。

2.1 无痕露营

（1）时间：2023年4月—2023年5月。

（2）地点：龙王头海滨浴场。

（3）主体：旅游者。

（4）活动亮点：既有符合年轻人新潮的海边音乐节，又有符合家庭出行需求的露营活动，可观赏独特景观蓝眼泪，有相关纪念稀有周边。迎合"营地+"微度假旅游产品的热潮，满足周边游和短途游需求。

（5）创意初衷：无痕环保露营，在洁净的海滩开展无痕露营活动，不留下一片垃圾。

（6）操作形式：开展"向海而行，无痕海洋"环保露营比赛。露营的同时观看平潭蓝眼泪，拍照打卡。在进行露营音乐节、篝火晚会的同时秉持环保的理念，通过捡拾垃圾兑换奖品。同时，举办一些互动游戏与活动，增加朋友之间的友谊，也可以结识更多朋友。沙滩小活动活跃气氛，还可以举行沙洗餐具环节。

2.2 低碳环岛荧光夜跑

（1）时间：2023年4月—2023年5月。

（2）地点：平潭环岛公路。

（3）主体：旅游者。

（4）活动亮点：锻炼身体的同时享受美景，迎合当下人群追求健康和好身材的需要，荧光夜跑更具趣味性。荧光、音乐、快闪……这些元素一起演奏出城市最"疯狂"的夜曲。

（5）创意初衷："夜跑"是全身的运动，通过跑步可以让肌肉线条变得更流畅，还能延缓衰老。通过"夜跑"能促进新陈代谢，更能预防老年性骨关节病的发生。

（6）操作形式：守护海岸将运动和环保结合起来，发起环岛捡拾挑战。挑战成功者可获得平潭特色文创的环保卫士奖章，并可以在社交媒体平台参与活动，成为环保宣传官。开跑前，跑者在装扮区进行装扮。现场，众人将手拿荧光棒、身穿荧光服，伴随着一声令下"开跑"，每个跑步者刹那化身夜间艺术家。夜跑全程五公里，有炫幻秀跑、炫彩脑洞、炫彩炮弹、炫酷彩桶等精彩任务，每一站都有不同的风景，不同的活动体验。环岛路上，跑友们用活力勾勒青春，目之所及皆是耀眼荧光，给予参与者过瘾的体验。

2.3 平潭印象沉浸式体验

（1）时间：2023年4月—2023年5月。

（2）地点：平潭演艺中心。

（3）主体：旅游者。

（4）活动亮点：沉浸式体验。

（5）创意初衷：感受平潭文化魅力，体验不一样的文化浸润。

（6）操作形式：观赏平潭映象演艺表演，感受文化浸润，沉浸式体验海坛文化，提升海洋保护意识，体会海洋和人类密不可分的关系。可以近距离观赏和互动，可以抽取不同分会场进行舞台角色体验与面部彩绘角色扮演，深入体会平潭文化，感受海洋文化故事。

3.居民——全民营销

全民参与营销，使城市消费者有真实的体验。消费者和投资者对一个城市的感官，往往首先来自这个城市中的人。过去有一种误解，以为宣传、营销只是市长或者媒体的任务，其实不然。市民是营销过程的参与者，其意见和建议对于营销的规划和执行相当重要。更重要的是，市民在创造良好友善、有活力和有吸引力的城市氛围，提升城市内外顾客满意度方面发挥着不可替代的作用。城市感官是社会公众包括各个方面、各种群体对一个城市的一般认定和整体综合评价。如果居民热爱城市，对本城市的品牌理解和认同，便会向来访者提供优质的服务和关怀，向他们宣传城市特色，使游客对城市留下良好的印象。相反，一个城市的居民如果不但不"宣传"自己的城市，反而对城市营销持消极态度，那么上层宣传媒体推广做得再好，也会令游客们望而却步。所以城市营销的前提就是使城市居民对自己的城市品牌认同并热爱这个城市，而要做到这些就必须要做好以本地居民为受众的城市感官营销工作。针对居民我们主要设计了以科普教育类为主的体验活动，主要有"你好，多样海洋"科普宣传活动、"蔚蓝行动"VR体验活动。

3.1 寻找宝藏蓝朋友

（1）时间：2023年6月—2023年7月。

（2）地点：线上。

（3）主体：全民。

（4）活动亮点：引导全网晒蓝色生活方式，持续为品牌发热。

（5）创意初衷：十大品牌联动，实现平潭蓝流量曝光。

（6）操作形式：以世界地球日为触发，传递平潭蓝色生活方式与理念，号召全球的居民参与其中，成为"守卫蓝色星球的宝藏蓝朋友"，吸引凤凰网、上海热线等10余家主流媒体报道，新媒体营销覆盖微信朋友圈、腾讯新闻、豆瓣、B站、小红书、抖音等主流平台。同时开展5城10校寻找"宝藏蓝朋友"之旅，高校落地活动覆盖全国5城10大高校。

3.2 给你我的蓝

（1）时间：2023年6月—2023年7月。

（2）地点：线上。

（3）主体：全民。

（4）活动亮点：给你我的蓝，陪你一起去看星辰落入大海。品牌联合跨界社交电商拼多多，助力平潭岛蓝眼泪品牌打造和在线品牌曝光。

（5）创意初衷：品牌联动，传递蓝色。

（6）操作形式：为了缓解城市焦虑现状，通过与浙江之声、四川航空、怪兽充电、拼多多、哈啰出行等10大品牌联动，以此实现平潭蓝品牌曝光；#给你我的蓝#微博话题打榜，吸引全民参与，引导全网"晒蓝色"生活方式，持续进行话题内容产出,让平潭走进大众视野。

(四)全国高校商业精英挑战赛商务会奖旅游策划竞赛

全国高校商业精英挑战赛商务会奖旅游策划竞赛由中国国际贸易促进委员会商业行业委员会、中国国际商会商业行业商会、中国会展经济研究会、中国商业经济学会共同主办,商业国际交流合作培训中心承办,全国现代服务业职业教育集团、《商展经济》杂志协办。商务会奖旅游是一种高端旅游模式,是旅游行业改变增长方式、调整产业结构、推动产业升级换代的重要方向。全国高校商业精英挑战赛商务会奖旅游策划竞赛自2014年起开始举办,受到了全国高校师生的广泛关注和好评。是针对全国高校大学生的多学科国家级竞赛,现已成为高校师生在旅游管理、酒店管理和会展管理领域高层次的交流和学习平台,致力于提升相关专业大学生的实践能力和创新能力。2023年商务会奖旅游策划竞赛纳入全国高校商业精英挑战赛创新创业竞赛。

各参赛团队需联系一家商务会奖旅游公司(包括但不限于旅游公司、会议公司、公关公司等)作为指导企业,为客户企业设计一份在某地举办公司年会的商务会奖旅游策划方案。年会团队规模为200~300人。各参赛团队自由确定一个客户公司。客户公司所在行业类别包括但不限于汽车、数码电子、能源、金融、餐饮娱乐、日化用品快销和广告媒体等。

以下是会奖旅游策划大赛成果部分展示。

项目一:举办地云南省昆明市

2017年香奈儿(上海)公司商务会奖旅游策划竞赛方案

1.方案主题

本策划主题为"香动春城,奈人寻味",从字面上解释为让成员能够在这座美丽的四季春城之中以"香"为线索,去探寻这座城市的魅力,去领会这座城市的脉息。方案始终以"寻"为契机,"赏"为撬杠,"味"为主题,"寻味"寓意着全体成员们在这次会奖旅游过程中从形、声、闻、味、触觉五大感官,通过不同方式去寻觅别具风情的"春城味道"和内涵丰富的"企业文化味道"。

"香动春城"：以"香"为丝带，飘动昆明这座美丽"春城"的每个角落。"香动春城"有两层寓意：一是指本次活动以"香调"串联整个行程，营造特色香域空间，奠定温馨、时尚的基调，以香水的味阶为出发点，结合前中后味的特点，进行精心设计，四天的行程都是将香水文化内涵与昆明这座城市紧密相连，凸显城市印象，也为昆明春城印抹一丝独具一格的香气；二是指以芳香产业为契机，联动香奈儿与昆明。昆明是云南芳香产业的发展基地，以丰富花卉文化、地域特点、少数民族资源等为依托，以此开发极具特色的芳香之旅，而且昆明将建设中法芳香产业园并建设亚洲香水博物馆，馆中将陈列各大法国品牌香水。而香奈儿也一直致力于为广大消费者提供独具自身特色的香氛世界。中西香文化的不断碰撞将推动双方的合作交流。

"奈人寻味"：以"奈"之名，在这座精彩纷呈的春城里探寻独一无二的味道。一是"拾味昆明城市味道"。"味"既意味着实体的味，如花香味、美食之味，又代表着昆明的民族味、市井味，甚至其滇剧的文化味。通过这次芳香之旅设计的特色活动让香奈儿公司能走进昆明、了解昆明、融入昆明，去真实感受这座城市的气息。二是"识味企业文化味道"。不论是本次活动特制的香域时尚晚宴，还是"闻香识芳草""斗香辩高低""义卖献爱心"团建活动，都是将企业文化与当地自然资源有机结合，把和谐文化、团队精神深深涵盖之中，让香奈儿公司员工、客户了解其企业文化，感受到企业的社会归属感与人文情怀，从而达到促进昆明城市味道和香奈儿企业文化味道的完美契合。

2.具体行程设计与规划

表10-5 香奈儿公司会奖旅游行程规划表

时间	主题	地点	内容
11月13日	香调：天南地北，遥花相聚	金马碧鸡坊 德馨香水博物馆 昆明索菲特酒店	参观游览、欢迎晚宴
11月14日	前味：霓彩花境，与会未来	花之城景区 怡美国际会议中心 洲际酒店	研讨会、总结大会、颁奖晚会
11月14日	中味：民族记忆，香氛密码	民族村、洲际酒店	团建活动、社交酒会
11月16日	后味：情留昆明，印象春城	石林风景区	参观游览、购物

项目二：举办地海南省海口市

2018年依云（上海）公司商务会奖旅游策划竞赛

1.方案主题

本次策划主题"live town, live young"，解释为"活力海口，永葆童真"，以活力与童真为主题，展开本次会奖旅游的四天活动，体味依云与海口合力所带来的不同感受，相互共通，又相互不同。共通容易融合，不易产生摩擦，而在共通的基础上不同则可以带来奇妙的火花。四天旅程是依云与海口对于健康理解的互换，也是依云对海口活力的输出与给予、接收与提升。通过不同的方式，同一个目的，去探寻"海口健康、城市活力"别具风情和内涵丰富的"企业文化气质"。

Live town：以"活力"为基点，延伸到海口这座健康城市的每一个角落，每一位市民身上。"活力海口"有两层含义，一是指本次活动以"活力"串联整个行程，营造城市活力空间，让一切充满生机与热情，奠定新健康时尚的基调，以同一种活力，不同表达活力的方式为出发点，结合四天行程，进行精心设计，四天的行程都将健康活力新时尚与海口这座城市紧密相连，突出城市的新定位，也为海口的活力带去一些新概念。二是指海口本身一直争做健康、活力城市。众所周知海口是被世界卫生组织选中的第一个健康城市示范点，近几年，海口一直在为此作出努力与表率，比如对于环境卫生的控制等。此外，海口每年都会有"海口马拉松"活动，更是拥有世界最大的高尔夫球场。可见海口一直想从运动、健康、活力方向发展。但由于海口是"候鸟老人"城市，所以导致活动热闹一过，一切又恢复往常。相信依云与海口的不断碰撞，合作交流，定可以找到一个完美的落脚点，使海口始终活力满满。

Live young：以"年轻、健康"为基点，从两方面展开。一是海口作为世界卫生组织第一个健康城市试点地，且拥有多个长寿村，80多岁的依云带着一颗好奇，对健康、生命崇敬的心态来到这样一座城市，解读其健康密码，有助于依云健康事业的发展。二来则是依云的"永葆童真"，即年轻、健康、活力的意思。这些都是依云一直以来所强调、宣传的企业文化。希望通过本次策划将依云本质特有的东西传递给海口。不管是本次活动的"云养身心，健康未来"研讨会，"依呼百应，为爱出发"团建活动，还是"椰城聆音，乐做纯真"社交晚会，都是围绕助力海口，探讨依云的健康、活力发展之路而制定的。同时将企业文化与当地自然资源有机结合，把和谐、团队精神深深涵盖其中，让依云VIP以及员工对企业文化有深深的了解。感受到企业的社会归属感与人文情怀，从而促进依云与海口共走健康之路的完美契合。

2.具体行程设计与规划

表10-6 依云公司会奖旅游行程规划表

时间	主题	地点	内容
3月20日	似水年华，如约而至	海口鸿洲埃德瑞皇家园林酒店 鸿洲皇家国际马术俱乐部 骑楼文化老街 36曲溪湿地公园	参观游览、欢迎晚宴
3月21日	云养身心，健康未来	海口鸿洲埃德瑞皇家园林酒店 海口市博物馆 海口五大洲主题矿温泉公园	研讨会、总结大会、颁奖晚会
3月22日	依呼百应，为爱出发	万绿园 假日海滩 秀英港	团建活动、社交酒会
3月23日	乐享椰级，情印海岛	火山口公园 海口美兰机场免税店	参观游览、购物

2018年绿地（上海）公司商务会奖旅游策划竞赛方案

1.方案主题

本策划主题为"康养绿居，共探椰城"，从字面上解释为让成员能够在这座康养城市之中以"探"为线索，去探寻这座城市的魅力，去领会这座城市的康养气息。方案始终以"探"为契机，分别通过"探康""探养""探居""探乐"这四种方式去感受魅力四射的海口风情和内涵丰富的企业文化。

康养绿居："身体健康、心情愉快、生有所养、老有所乐"，这些人们对美好生活的基本追求，即是"康养"。康是健康，养是安养。康养产业，不是"健康""养老"和"疗养"的简单融合，而是覆盖全生命周期的全方位健康管理服务。海口作为海南省的省会城市，拥有完善的生活基础设施，一流生态环境，以及热带滨海旅游度假资源，在国际上也以绿色生态而著名，再加上绿地本身的康养居项目与海口的未来发展前景不谋而合，康养产业也以一股新生势力的姿态在海口的城市发展中崛起，本次活动四天的行程都是将绿地康养居的内涵与海口这座城市紧密相连，突出海口休闲康养城市的特点。而"绿"不仅代表"绿地集团"，更是"旅"的谐音，更加映衬了此次活动是商务会奖旅游活动。不论是以房地产发展壮大的绿地集团，还是创建"四宜三养"之城的海口都致力于共同打造良好的生活空间，此为"居"。康养绿居表现了海口和绿地集团对未来发展的美好展望。

共探椰城：以"探"的名义，到这座景色宜人的海岛省会城市椰城中去探寻城市气息和公司未来的潜在发展方向。"探"既是城市风情现有地点的游览探寻，如游览海口火山群世界地质公园、万绿园、假日海滩等，它们无一不向我们展示着海口丰富多样的旅游资源。二是与海口这座城市一起探寻未来的发展方向。不论是第二天的"琼式药膳""智慧康养酒店"专题研讨会，还是"乐跑享生活""里程献爱心"团建活动，都将企业文化与当地资源有机结合，把和谐团队精神融入各主题活动中，让绿地集团员工、客户了解绿地集团文化以及海口当地的风土人情，感受到企业和城市的社会归属感与人文情怀，从而达到促进海口城市发展与绿地集团未来发展的高度契合。

2.具体行程设计与规划

表10-7　绿地公司会奖旅游行程规划表

时间	主题	地点	内容
10月16日	探康：汇聚海口，探康相约	海口美兰绿地铂骊Q酒店 观澜湖度假景区	温泉体验、欢迎晚宴
10月17日	探养：专题研考，探养未来	海南绿地城 海口鸿州埃德瑞皇家园林酒店	研讨会、总结大会、颁奖晚会
10月18日	探居：畅享益跑，探居民风	万绿园 冯小刚电影公社	团建活动、社交酒会
10月19日	探乐：情印海岛，探乐椰城	假日海滩旅游区	参观游览、购物

项目三：举办地安徽省蚌埠市

2019年依文•中国手工坊（北京）公司商务会奖旅游策划竞赛方案

1.方案主题

本策划主题为"衣脉相承，纹化新生"，从字面上看是指依文中国手工坊一脉传承，以"纹饰"作为线索，去探索依文与古民居的联动点。以"服装"为载体，去呈现历经千年而将衰的古建筑文化。以"拾遗"为宗旨，寓意着全体成员会在这次活动中，将过去与现代联结，从不同角度拾起等待重生的非物质文化遗产，并充实和丰富企业的文化内涵。

衣脉相承："衣"单看字面指的就是依文中国手工坊设计的各式不同的衣饰，再深层指的就是一脉相承，依文中国手工坊的绣制手工工艺文化与古民居的建筑手工业文化相承。衣服作为依文对外发展的载体，将许多民族手工艺文化通过绣娘之手，以衣服之形继承并发展了中国绣衣文化。通过文化纽带作用，对那些濒临失传的民族手工艺进行传承。古民居博览园作为古建筑木雕纹饰最齐全的聚集地，也是传承古老民族技艺的首选。古民居博览园蕴含着数不清的非物质文化气息，凸显了独特的文化底蕴。以木雕纹饰作为契机，联动依文与古民居博览园，以双方的强大文化内涵作为出发点，以此来开发古民居博览园的民族建筑文化，并扩展依文所包含的民族文化，将其扩展开来共同发展非物质文化。

纹化新生："纹"从字面意义上解构，指的是纹饰，这既是依文绣娘从深山里带出的古老民族纹饰，也是指古民居博览园内所蕴藏的各式木雕纹饰。这两种纹饰都是急需保护传承与发展的非物质文化，依文通过古民居博览园的古建筑木雕纹饰扩充了依文的纹样库，古民居博览园经由依文中国手工坊所设计的服装为载体，重新把古木雕纹饰展现在世界面前，让濒临失传的古木雕纹样重获新生。双方以可持续、再创造的理念，通过服饰设计，让木雕纹饰焕发新生，让非物质文化迎来涅槃新生。

2.具体行程设计与规划

表 10-8　依文公司会奖旅游行程规划表

时间	主题	地点	内容
11月13日	依心构建，拾古忆今	龙子湖迎宾馆主湖心岛	研讨会、总结大会、颁奖晚宴、家属游玩
11月14日	缘纹生艺，拾光秀衣	龙子湖迎宾馆湖上升明月	团建活动、社交酒会
11月15日	拾尚匠心，点缀新月	龙子湖迎宾馆主湖心岛	参观游览、购物

项目四：举办地海南省三亚市

2021年苏州稻香村公司商务会奖旅游策划竞赛方案

1.方案主题

本策划主题为"一生求稻，袁梦匠行"。从字面上看是指苏州稻香村在糕点制作过程中坚持传承的匠心，以"匠心"作为线索，去探索海南三亚的联动点；以"海水稻"为载体，去呈现历经千年中式传统糕点文化，以及了解传统农耕文化以"袁梦"为宗旨，"匠行"为连接，寓意着全体成员会在这次活动中，将过去与现代联接，从不同角度拾起等待重生的非物质文化遗产，并充实和丰富企业的文化内涵。

一生求稻："道"同"稻"，代表着苏州稻香村制作工艺上追求匠心传承，也是苏州稻香村对每一位员工的肯定。"一生求稻"既"代代传承"，代表苏州稻香村将中华传统美食文化传承到底。在新时代的变化中传统文化不仅要传承还要进行创新，这样将更好的发展，将中式传统糕点通过员工之手，通过小小的糕点，领味出大的精神，共同发展中式传统糕点文化。同时也象征着袁隆平院士的匠心，把自己的一生奉献给了杂交水稻的事业。水稻象征着中国传统农耕文化。稻香村对传统文化的传承与坚守，以及袁隆平院士在三亚对"海水稻"的研发与传承，都有着对传统文化的传承。

袁梦匠行："袁梦"通"圆梦"，从字面意思上理解是指袁隆平院士的两个梦想，分别是"禾下乘凉梦""杂交水稻覆盖全球梦"，而稻香村的梦想是

"源自苏州，香飘世界"，二者有着相互的关联点。通过三亚之旅，让全体员工去了解传统农耕文化，践行属于自己的匠心。通过海南三亚"海水稻"的纽带作用，传承中式传统文化。三亚作为旅游热门城市，在国际上也享有盛名，而且三亚具有各种各样的糕点，还有着特色少数民族文化。联动苏州稻香村与海南三亚，以传统文化的传承作为出发点，通过海南三亚这一平台创新的方式面向世界。

2.具体行程设计与规划

表10-9　苏州稻香村公司会奖旅游行程规划表

时间	主题	地点	内容
4月6日	远"稻"而来，一"鹿"同行	三亚嘉佩乐酒店锦绣厅	接机、欢迎晚宴
4月7日	方寸之间，津津乐"稻"	三亚嘉佩乐酒店锦绣厅	研讨会、总结大会、颁奖晚宴、家属游玩
4月8日	极致糕点，非凡匠心	三亚万达广场、三亚水稻国家公园	团建活动、社交酒会
4月9日	"稻"别鹿城，匠心不失	三亚国际免税城	参观游览、购物

2021年中国邮政公司会奖旅游策划竞赛方案

1.方案主题

本次竞赛策划是以"方寸之间，红迹赓续"为主题的三亚之旅。恰逢建党百年，以"红色"为主题，以"集邮"为核心开展前往三亚的四天三夜活动。四天的主题是中国邮政集邮与三亚当地红色文化之间的交流与融合，也是中国邮政对三亚红色文化的宣传，关注三亚红色文化和扶贫工作。

方寸之间：方寸之间，代表着中国邮政邮票的小小方寸，邮票在小小方寸之间，凝聚了大千世界，在海纳百川的邮票世界，去探索邮票背后的故事。邮票在信封中只占有小小的一块，但有着举足轻重的地位，对于一封信是否能寄出起着重要作用。正如海南一样，在我国版图上占据小小一块土地，但其海域面积、自由贸易港口、传统非遗文化对国家经济社会文化的发展而言是不可或缺的部分。中国邮政公司邮票业务作为向外延伸扩展的载体，将把三亚文化，尤其是红色文化，推广至全国。

红迹赓续:"红"是本次方案的核心,在中国共产党成立百年之际,将红色记忆深入人心,红色故事永不褪色。百年峥嵘,记载着信念之坚,激荡着英雄之气。沿着方寸之间,追寻三亚红色足迹,让三亚红色经典薪火相传。"赓续"是本次活动的主要目的,一百年的阔步前行,这背后都是无数的革命先烈用血肉之躯筑成的巍峨高山,用热血换来的代代传承。中国邮政通过三亚之旅,实践党的百年精神,以昂扬姿态奋力书写时代华章。三亚作为著名的海滨旅游城市,"红游"三亚相对薄弱。双方以赓续百年、创新发展为思想,为集邮业务年轻化、推广方式创新化、背后故事生动化而作出努力,使三亚红色基因融入血脉,生生不息。

2.具体行程设计与规划

表 10-10 中国邮政公司会奖旅游行程规划表

时间	主题	地点	内容
10月8日	以邮为媒,"票"向鹿城	三亚珊瑚湾文华东方酒店	全天签到、欢迎晚宴
10月9日	以邮为论,红无边界	三亚珊瑚湾文华东方酒店 亚龙湾森林公园	研讨会、总结大会、颁奖晚宴
10月10日	以邮为名,邮趣横生	三亚市天涯海角 三亚湾	团建活动、社交酒会
10月11日	以邮为购,畅享三亚	鹿回头景区 三亚国际免税城 凤凰国际机场	旅游观光、娱乐购物

第三节 "田野+双创"实践教学案例

一、以双创促能的第三课堂

"田野+双创"包括大学生创新创业训练计划、社团活动、双创各类讲座、自主创业等形式。

大学生创新创业训练计划项目是教育部自2011年以来实施的,它分设创新训练、创业训练和创业实践3类项目，是大学生创新创业教育的实践环节。目前许多高校建立了"国家级—省级—校级"三级大学生创新创业训练计划项目（以下简称"大创计划"）体系。"大创计划"训练项目，是以社会或行业发展前沿、热点或痛点为主题的创新训练项目，其培养模式是"教育教学—训练实践—项目孵化—初步创业"的全链条创新创业教育模式，是全面提高本科生综合素质的一项重要平台，目的是培养学生的创新、研究能力，激发其创新热情，培养学生的团队合作意识。

创新训练项目是本科生个人或团队，在导师指导下，自主完成创新性研究项目设计、研究条件准备和项目实施、研究报告撰写、成果（学术）交流等工作。

创业训练项目是本科生团队在导师指导下，团队中每个学生在项目实施过程中扮演一个或多个具体的角色，完成编制商业计划书、开展可行性研究、模拟企业运行、参加企业实践、撰写创业报告等工作。

创业实践项目是学生团队在学校导师和企业导师共同指导下，采用前期创新训练项目（或创新性实验）的成果，提出一项具有市场前景的创新性产品或者服务，以此为基础开展创业实践活动。

二、"田野+双创"实践成果展示

历史文化街区旅游品牌形象设计与推广——以武汉中山大道为例
（一）研究目的

2018年3月，文化和旅游部的成立，将文旅融合跃升至国家层面战略思维。文化是内容，旅游是场景，文旅融合能够有效地传播与普及优秀传统文化，推动历史文化街区和非物质文化遗产走进现代生活，形成良好的传承与保护。本研究选取的研究对象——武汉市中山大道历史文化街区，被国家住房和城乡建设部、国家文物局联合公布为第一批中国历史文化街区，也是武汉市目前唯一的国家级历史文化街区。

中山大道历史文化街区见证了武汉百年商业繁华与近现代城市发展历程，是彰显武汉特色的文化旅游大道。但是中山大道历史文化街区的知名度并不被大众广泛知晓,优秀传统文化也逐渐遗失。旅游品牌形象设计与推广是一种保护与传承历史文化街区的全新手段,对于中山大道历史文化街区文化肌理重塑也具有重要意义。

目前中山大道历史文化街区一直缺乏属于自己的旅游品牌形象设计,很少有学者对中山大道历史文化街区进行品牌形象设计研究,也未见相关深入报道。因此,本研究采用现场考察走访、问卷调查法两种方式进一步挖掘中山大道历史文化街区的旅游基础要素和文化内涵,并借鉴国内成功的历史文化街区形象设计案例经验,运用CIS系统对中山大道历史文化街区旅游品牌形象进行设计与推广,逐步呈现出中山大道历史文化街区的独特品牌魅力,进而能够保护与复兴中山大道历史文化街区,对中山大道旅游可持续发展具有重要现实意义和指导作用。

(二)研究内容

1.中山大道历史文化街区的旅游形象定位分析

一方面通过实地考察梳理中山大道历史文化街区的旅游资源,另一方面通过问卷调查、访谈调查旅游者对中山大道历史文化街区旅游形象的认知。

2.中山大道历史文化街区的旅游品牌形象设计存在的不足

整理调研结果,分析街区旅游品牌形象设计存在的问题,明确建立旅游品牌形象设计的重要性。

3.中山大道历史文化街区的旅游品牌形象设计思路

基于CIS系统对中山大道历史文化街区旅游品牌形象进行再设计,主要包括:①理念识别(MI)②行为识别(BI)③视觉识别(VI)。

4.中山大道历史文化街区的旅游品牌形象推广

通过中山大道历史文化街区旅游品牌形象设计后进行推广,积极保护与传承历史文化街区。

(三)拟解决的关键问题

(1)运用实地考察、调查问卷等方法梳理中山大道历史文化街区的旅游文脉,例如地理背景、文化资源;

(2)运用CIS理念识别系统,根据中山大道历史文化街区的旅游景象和文化脉络对该街区进行旅游理念形象设计(MI)、旅游视觉形象设计(VI)、旅游行为形象识别（BI）；

（3）通过有效手段和利用旅游形象设计产品，一方面对该街区文化资源进行传承和保护；另一方面对其进行推广，提高知名度，打造武汉旅游名片。

"非遗"在研学旅行视角下的活化路径
——以国家级文化生态保护区恩施州为例

（一）研究目的

2021年是《中华人民共和国非物质文化遗产法》正式颁布第十年，同年文化和旅游部发布《"十四五"文化产业发展规划》通知，表示要在"十四五"期间"鼓励依托文物、非物质文化遗产资源大力发展文化遗产旅游、研学旅游"。此外"双减"政策的实施，使中小学生课余时间增加，也为研学旅游的开发提供了条件。在国家政策的大力支持下，如何实现"非遗"在当代社会的保护传承发展再次成为关注焦点和研究热点。"非遗"生态性保护注重良性发展，致力于活化利用和代际传承，而"非遗"和研学旅行的融合为"非遗"活态传承提供了新的契机和路径。本研究选取的研究对象——湖北省恩施土家族苗族自治州（以下简称恩施州），是"武陵山区（鄂西南）土家族苗族文化生态保护区"成员之一。该保护区是全国第16个同类实验区，也是湖北省目前唯一一个被文化和旅游部批准的国家级文化生态保护区。

国家级文化生态保护区是以保护非物质文化遗产为核心，对传统文化及其生态进行整体性保护而设立的，是中国对"非遗"保护路径的创新。恩施州作为（鄂西南）土家族苗族文化生态保护区成员之一，其非物质文化遗产具有浓郁的地域特色和深厚的历史底蕴。但是现存的"非遗"资源并不为大众所熟知，代际传承矛盾凸显，优秀传统技艺也渐渐消失。以研学旅行为切入点实施"非遗"资源活化利用，既可以提高恩施州"非遗"的可见度、美誉度和影响力，也可以实现研学旅行原真性与"非遗"活态传承保护的共同发展。

目前恩施州一直缺乏有影响力的非遗研学旅行产品，也很少有学者从研学的角度探讨"非遗"资源的活化利用和传承。因此本研究以研学旅行为切入点，运用昂普理论（RMP, Resources-Market-Product Model），梳理恩施州少数民族"非遗"资源赋存和文化内涵，采用实地考察、问卷调查方式了解恩施州非遗研学旅行市场认知度，以市场需求出发设计独具恩施州地域特色的"非遗"研学旅行产品。最后探索研学旅行视角下恩施州"非遗"活化利用和传播推广的有效实施路径，实现少数民族非物质文化遗产由"输血式"保护向"造血式"传承转变。

（二）研究内容

1.恩施州"非遗"与研学旅行融合的可行性分析

全新引入研学旅行视角，来探讨"非遗"活化利用。需要从政策支持、需求互动、价值契合三个方面分析"非遗"与研学旅行融合的可行性，以此增强非遗研学旅行产品规划的科学性。

2.恩施州非遗研学旅行产品开发的昂普（RMP）分析

昂谱（RMP）分析的理论是一种以资源为基础，以市场为指导原则，以产品为核心，将资源通过市场转化为产品的旅游规划模式。

①非物质文化遗产资源梳理，即R性（Resources）分析

根据《非物质文化遗产名录》，从门类、等级、数量、存在形式、空间分布等维度梳理整合恩施州现有的非物质文化遗产资源，为研学旅行产品设计奠定坚实基础。

②恩施州非遗研学旅游市场调查，即M性（Market）分析

运用实地考察、调查问卷等方法分析消费者对恩施州非遗的认知度、研学旅行市场的偏好和特征，了解非遗研学旅游市场现状和需求。

③恩施州非遗研学旅游产品设计，即P性（Product）分析

根据研学旅行市场的需求，设计地域特色的非遗研学旅行产品。将恩施州非物质文化遗产转化为游客乐于接受的研学产品，实现"非遗"资源的活化利用。

3.恩施州非遗研学旅行产品的开发与营销

（1）产品开发

通过对恩施州"非遗"资源的梳理与整合，设计打造四种主题非遗研学旅游路线，既丰富了恩施州旅游产品的内容和层次，又能让地域特点鲜明的恩施州少数民族非物质文化遗产能够通过研学旅行真正地"活起来"，提升

"非遗"活态传承的影响力与号召力：

①科普研学游——品学遗韵

品学遗韵是在恩施州厚重的非遗历史底蕴基础上普及非遗知识的科普型主题路线，如普及寇准任巴东知县的故事、傩戏的创作背景与技艺等，增加对非遗知识的普及，切实感受非遗文化的源远流长。

②体验研学游——手作遗风

本路线主要以体验传统技艺与民族工艺品制作为主，如西兰卡普制作技艺、恩施玉露制作技艺、干栏吊脚楼建造技艺、油茶汤制作技艺等，体验非遗技艺的制作过程，增加对非遗的兴趣。

③艺术研学游——艺曲遗韵

恩施州非遗文化艺术突出，深度融合浓缩了恩施州少数民族文化内涵，本路线以发展恩施州非遗文化艺术为主，如利川灯歌、土家族摆手舞、傩戏、南剧、恩施扬琴等，吸引文学爱好者，深切感受恩施州的非遗文化。

④民俗研学游——民风遗俗

恩施州是少数民族聚居地，以土家族、苗族为主体，其民俗文化内涵丰富。本路线以发展民俗风情游为主，参与体验苗族、土家族民俗文化及生活方式，如开展土家族的女儿会、苗族的哭嫁、十姊妹歌等，体会少数民族独有的风情。

（2）产品营销

设计打造恩施州非遗研学的宣传物料，如宣传册、海报、手提袋等，推广"非遗进校园"活动，拍摄宣传视频，多角度、立体化地推广恩施州非遗研学旅行产品，让地域特点鲜明的恩施州非遗能够通过研学旅行真正地"活起来"，提升非遗活态传承的影响力与号召力。

（三）拟解决的问题

①非物质文化遗产和研学旅行融合的可行性分析。

②运用昂普理论，从资源、市场、产品三个方面结合探讨恩施州非物质文化遗产研学旅行的开发，以研学旅行为载体推动非遗活态传承。

③根据恩施州"非遗"资源类型，打造恩施州非遗研学旅行产品，一方面，促进恩施州非物质文化遗产的活化利用和活态传承保护；另一方面，对

"养在深闺"中的恩施州"非遗"资源进行推广营销,设计宣传物料,提高知名度,打造恩施州文化旅游名片。

(四)部分研究成果

1.非遗资源的数量与分布

恩施州非物质文化遗产资源丰富,种类繁多。截至2021年,全州入选国家级非物质文化遗产代表性项目名录16项,入选湖北省省级非物质文化遗产代表性项目名录66项(按保护单位算76项),州人民政府公布州级非物质文化遗产代表性项目名录149项(部分项目经合并整理后为142项,如:恩施耍耍、宣恩耍耍合并为一项),八县(市)人民政府公布县市级非物质文化遗产代表性项目名录589项。以上非物质文化遗产项目包括传统音乐,传统舞蹈,戏剧,曲艺,传统技艺,民俗,传统体育、游戏与杂技,传统美术,传统医药,民间文学十个类别。国家非物质文化遗产项目代表性传承人12人,省级项目传承人86人,州人民政府公布州级传承人236人,八县(市)公布县市级传承人987人。

非遗传承基地是非物质文化遗产社会传承和传播的重要平台。恩施州传承基地类型多样,覆盖面广泛,涉及恩施玉露制作技艺、恩施扬琴、灯戏等非遗代表性项目。目前,恩施州非遗传承基地以非遗项目为依托,建成了16个非遗传承展示基地。与此同时,恩施州也拥有关于非物质文化保护的博物馆,毕兹卡非遗博物馆由傩文化展区、土家服装展区、土家织锦西兰卡普展区、土家首饰展区四个部分组成,主要展示推介非遗展品。作为集展示、收藏、研究、传承、教育等功能于一体的综合性博物馆,该馆致力于成为非遗传承人传承非遗的家园和公众接触、了解、学习非遗的好去处。对于研学这一方面来说,毕兹卡非遗博物馆为广大的青少年学习提供了比较好的学习场所,通过营造一个好的环境,也能促进研学更好的发展。

在恩施州旅游资源系统调查基础上,根据《非物质文化遗产名录》,恩施州各类非物质文化遗产资源的统计结果见表10-11。

表 10-11　恩施州非遗旅游资源类型及数量

类型	名称	单体个数
传统技艺	尖山石刻、凤头姜制作技艺、利川漆制作技艺、青瓦烧制技艺、金阳豆豉制作技艺、木胎漆器髹饰技艺、吊脚楼营造技艺等	67（24%）
传统音乐	丝弦锣鼓、柏杨坝山民歌、凉雾牟氏山民歌、恩施花锣鼓、建始南乡锣鼓、蓑草锣鼓、打安庆等	48（17%）
传统舞蹈	土家族摆手舞、土家八宝铜铃舞、土家地龙灯等	45（16%）
曲艺	恩施三才板、竹琴、讲书锣鼓、恩施扬琴、利川小曲、满堂音、宣恩道情、干龙船、金钱板等	25（9%）
戏剧	恩施灯戏、鹤峰柳子戏、巴东堂戏、皮影戏（巴东皮影戏）、南剧等	21（8%）
民俗	恩施社节、恩施土家女儿会、巴东土家族民间历法、土家族牛王节、恩施坛傩、牛王节、土家族哭嫁等	21（8%）
传统美术	咸丰何氏根雕、民间绣活（土家族苗族绣花鞋垫）、米画等	18（7%）
传统体育、游戏与杂技	板凳拳、抢花炮、打陀螺、火棍、竹马（踩高脚马）、狮舞（大坝沟高台狮舞）、恩施地鸽子、翘旱船等	14（5%）
民间文学	土家族哭嫁歌、三峡传说、寇准的故事、夷水歌谣等	9（3%）
传统医药	严氏眼科中医疗法、中医诊法（严氏眼科）、烧艾灸等	8（3%）

2.非遗资源的类型和形式

依据恩施非物质文化遗产资源的类型和形式，设计了四大主题非遗研学产品，分别是科普研学游、体验研学游、艺术研学游、民俗研学游（见表10-12）。

表 10-12　恩施州四大主题非遗研学产品

主题	四大产品	具体活动	实现方式	相关非遗
科普研学游	品学遗韵	小小非遗体验官	1.100位小小体验官进行游学首发 2.打造恩施·非遗文博之旅打卡点	品学遗韵
		遗韵进校园	1.夏令营和冬令营 2.校园组建非遗课堂和非遗兴趣小组	
		非遗传人为你讲	1.邀请不同非遗传承人讲非遗故事 2.形式创新，编写现代性的童谣、民谣	
体验研学游	手作遗风	沉浸式非遗体验	同学们自己动手完成多种非遗作品制作	西兰卡普制作技艺、恩施玉露制作技艺、干栏吊脚楼建造技艺、油茶汤制作技艺等
		游戏闯关模式	恩施传统文化闯关赛	

(续表)

主题	四大产品	具体活动	实现方式	相关非遗
艺术研学游	艺曲遗韵	传统非遗走进实体舞台	1.非遗体验、展示、展销等活动，开展生动鲜活的非遗宣传活动 2.街道微型非遗舞台	利川灯歌、土家族摆手舞、傩戏、南剧、恩施扬琴等
		非遗传统融入现代演绎	1.积极创新表演制作的形式，动画形式、3D演出、实物表演等 2.将传统非遗和现代生活相结合，用大众都能接受的表演形式带来不一样的研学体验，和"新国潮"相媲美	
民俗研学游	民风遗俗	共上一堂课	1.成立研学团 2.走近少数民族	土家族的女儿会、苗族的哭嫁、十姊妹歌等
		打造数字化动态文化博物馆	1.用现有科技，还原部分非遗产品 2.造数字化景区，提供数字化服务	

第四节 "田野+实习实训"实践教学案例

一、拓展纵深的第四实践课堂

"田野+实习实训"类型比较丰富，主要是指依托专业课程平台、团委志愿平台等，开展的社会调查、志愿服务、认知实习、顶岗实习、产学研合作等活动。一方面，"田野+实习实训"是以专业课为依托，注重专业知识传授和专业能力培养的社会调查和志愿服务实践教学形式，是将思政教育理念贯穿于专业课社会调查的实践教学类型。包括学生参加学校安排的专业课程相关的社会调查活动，专业课教师承担的研究项目调研活动以及学生自己选择的专业调研活动等。另一方面，旅游管理专业自带较强实践性、应用性，对学生实践操作技能要求较高。旅游院校和专业往往通过校内外实训、实习等方式提高学生的职业能力，帮助学生在毕业后适应工作环境、胜任岗位工作。除专业课程中设计的实习实训教学环节外，还设置了旅游行业认知实习

（通过学生进入企业参观、聘请企业专家讲座等方式进行）、导游见习（学生随团见习导游服务流程）与导游技能训练、计调业务实习、外联业务实习、毕业设计、定岗实习等集中实习实训教学环节。

二、"田野+实习实训"实践成果展示

（一）专业认知实习

专业认知实习是旅游管理专业实践教学计划中的一个重要环节，也是旅游管理专业人才培养目标的一个重要组成部分，旨在通过移动课堂培养学生对专业领域的认识。同时培养学生主动思考，将"所学"融进"所行"，不断思索探问，提升思维深度，逐渐成长为知行合一、热爱专业、富有创新的旅游人。

（二）专业课程实习

专业课程实习是根据课程教学计划，在理论教学中开展实践教学的一种方式。围绕"学思悟行得"让师生深入旅游行业，理论联系实际直观教学。在实践中锻炼学生的身体素质，在调研中提高学生的专业水平，在参观中培养学生的审美素养，在学习中增强学生的文化自信。

（三）专业顶岗实习

专业顶岗实习是指经由学校组织或者自主选择，以实习生的身份在旅游企事业单位中承担某一具体岗位（一般为一线服务类或二线操作类岗位），经过一段连续时间的操作训练和培训指导，能够完全胜任该岗位的全部职责并能从管理角度形成对实习岗位、企业或行业的理性认识。这既是旅游院校教学工作的重要环节，也是校企合作模式中运用较多的一种方式，同样承担着思政育人的重要职能，是实现实习生品德修养、职业技能和职业精神深度融合的重要途径。学生也可通过顶岗实习，了解行业发展现状、前景和用人需求，适应角色转变，提高自身的职业素养并提升职业能力。

（四）校园文化活动

校园文化活动因其交互性、创新性、实践性等特点，让越来越多的大学生感兴趣并加入，在大学生成长过程、校园生活中有着特殊地位及重要作用，更是高校思想政治工作中必不可少的重要环节和有效载体。在多样化的校园文化活动中，学生主动思考、积极组织、反思总结，提高了组织协调能力、人际交往能力、活动策划能力、创新能力等，在加入校园文化活动的进程中促进个体发展，促进自身综合素质的提升。

（五）社会实践活动

社会实践活动在促进大学生了解社会、奉献社会、增强社会责任感，锻炼毅力、培养品格，快速成长、增长才干方面具有不可替代的作用。社会实践活动将专业特点与活动紧密结合起来，达到社会实践育人的效果。学校一方面应积极开展"三下乡""志愿者进社区"等志愿服务和社会实践活动；另一方面，学校应加强提升专业技能的实践活动。

项目一：

大学生暑期"三下乡"活动

三下乡是指文化、科技、卫生"三下乡"。通过"三下乡"实践活动既促进了先进生产力的发展，又帮助和引导大学生按先进生产力发展要求成长成才；既传播了先进文化，又帮助和引导大学生接受先进文化的哺育；既服务了人民群众的根本利益，又服务了大学生的全面发展。分为五大宣讲团：

1.理论普及宣讲团。

2.乡村振兴促进团。

3.发展成就观察团。

4.党史学习教育团。

5.民族团结实践团。

团队案例：

湖北大学知行学院"与知同行"五色志愿服务队主要围绕"乡伴银龄"主题开展三个方面的对应活动，分别为"银河系计划"之入户助老帮扶和"E家老小"智慧手册讲解，"向日葵计划"之易教陪伴和风车予梦，"天空蓝计划"之助农直播、希望书屋和田野认知绘本。活动旨在结合当地实际情况大力推进银龄居家养老、孩童素质教育、直播助推农产品等项目，开展智慧科普教学、关爱儿童心灵成长、组织更多体育美育专业教学，拉近城乡差距，促进教育公平，通过灵活多样的形式丰富村民的暑假文化和生活，响应青年投身乡村振兴的号召。

（1）"银河系计划"之入户助老帮扶

在实践期间，团队成员们共入户走访10余户，入户对象包括抗美援朝老兵、空巢老人、老党员、非遗东腔戏传承人等等。

（2）"向日葵计划"之易教陪伴和风车予梦

在实践期间，团员们共开展易教课堂8次、累计参与特色课程教学听课人数150余人，授课内容包含志愿知识普及、安全教育、红色教育、中国历史及服饰文化、心理团辅等，通过讲解、做游戏、观看视频、手工DIY等方式寓教于乐，丰富孩子们的知识面。通过心理团辅课的风车予梦活动，引导孩子们在风车上写下自己的心愿或烦恼，搭建一个让孩子们抒发心情的舞台，帮助孩子们释放压力，避免部分孩子因为外部压力过重导致的心理问题。

（3）"天空蓝计划"之助农直播

基于国家提出"藏粮于技""科技兴农"的战略目标，为拓展当地农产品销售渠道，"与知同行"实践团借助付家庙村直播设备，通过"互联网+农产品"等新形式开展助农直播，提高农产品销售效率，促进农户、村集体收益。

项目二：

践行"绿水青山就是金山银山"志愿服务
——"守碧波千里，护河湖安澜"

为贯彻落实习近平生态文明思想、推进生态文明建设、厚植"绿水青山就是金山银山"理念、响应二十大报告提出的建设美丽中国号召，湖北大学知行学院人文学院"仁文乐湖"河湖志愿活动启动仪式在汉口江滩长春门正式启动。志愿者们身穿蓝马甲，头戴白帽子，在垃圾清理、河湖保护知识宣讲、互动问答竞赛等多个环节中运用专业知识为湖泊保护贡献力量，在实践学习中成长，为美丽中国建设贡献青春力量，让志愿精神在新时代绽放更加璀璨的光芒。

参考文献

[1] 教育部. 关于印发《高等学校课程思政建设指导纲要》的通知：教高〔2020〕3号[EB/OL]. （2020-06-05）[2022-07-31]. http://www.moe.gov.cn/srcsite/A08/s7056/202006/t2 020060[1]3_462437.html.

[2] 刘俊，周碧蕾."旅游+教育"的核心意涵和实践路径[J]. 旅游学刊，2022，37（11）：1-3.

[3] 马晓芬，戴斌. 旅游人才高质量培养的新时代课题[J]. 旅游学刊，2022，37（8）：10-12.

[4] 约翰·杜威. 民主主义与教育[M]. 王承绪，等译. 北京：人民教育出版社，2001：82-130.

[5] 冯仰生. 国外高校德育地位、目标与实施途径研究[J]. 江苏高教，2019（10）：113-116.

[6] 周新玲."旅游消费者行为学"课程思政实施路径研究[J]. 2023，44（9）：194-196.

[7] 周丽敏，王亚敏，邢振江. 旅游英语翻译课程思政的价值旨趣及其实践路径[J]. 上海翻译，2023（2）：55-60.

[8] 陈湘瑶，张健. 国外思想政治教育的特点及其对我国的启示与借鉴[J]. 江西青年职业学院学报，2014，24（4）：33-35.

[9] 孙晓媚，吕志，曾凡富. 乡村振兴战略与"中国旅游地理"课程思政的教学改革探讨[J]. 西部旅游，2022（24）：76-78.

[10] 黎志勇，杨玉娟. 新文科建设背景下旅游管理专业联动思政育人机制探索[J]. 西部素质教育，2023，9（2）：28-32.

[11] 吴佳，李绩才.高校旅游管理专业课程思政"一核三翼四环节"协同育人体系的构建与实践[J].课程思政教学研究，2022，3（2）：120-130.

[12] 李慧，余明明.地方应用型本科院校旅游专业课程思政研究[J].齐齐哈尔大学学报（哲学社会科学版），2022（11）：152-155.

[13] 黄毅，张雨，张群.国外高等教育旅游管理专业实践教学模式及经验借鉴[J].湖南工程学院学报，2017，27（4）：78-82.

[14] 吴必虎，唐子颖，蔡利平．美国大学中的旅游研究：旅游及相关专业的教学体系[J].旅游学刊，2007，17（5）：76-79.

[15] S H Marion. The Purpose of Undergraduate Tourism Programmes in the United Kingdom[J]. Journal of Hospitality Leisure Sport & Tourism，2003（1）：311-312.

[16] D Airey. 40 Years of Tourism Studies：A Remarkable Story[J]. Tourism Recreation Research，2015（1）：6-15.

[17] P L Pearce. Australian Tourism Education[J]. Journal of Teaching in Travel & Tourism， 2005（3）：251-267.

[18] 魏洁文，吴俊.国外高等旅游教育实践教学模式的特征与借鉴[J].中国成人教育，2017（12）：115-117.

[19] 张云耀，徐楠.韩国旅游学科发展及专业设置概况与特点[J].旅游学刊，2019，34（11）：11-13.

[20] 薛晨浩，邹品佳，付春燕，等．西部高校旅游管理专业课外实践体系建设研究：以西北民族大学为例[J].旅游纵览，2021（1）：11-14.

[21] 杨旸，毛振兴.美国旅游管理学科建设及其对中国的启示[J].旅游学刊，2019（11）：4-6.

[22] 楚国清，王勇．"课程思政"到"专业思政"的四重逻辑[J].北京联合大学学报（人文社会科学版），2022，75（1）：18-23.

[23] 黎玲.从"课程思政"到"专业思政"：高职旅游类专业育人路径与模式研究[J].四川文化产业职业学院学报，2022（3）：90-95.

[24] 张建宏.从课程思政到专业思政：高职现代文秘专业构建"大思政"育人格局探索[J].秘书教育，2023（2）：27-29.

[25] 高学勇，陆祖惠，白雪，等.高校专业思政、课程思政与思政课程协同育

人体系构建研究[J]. 天水师范学院学报，2022，42（2）：122-128.

[26] 李超，田辉. 以"田野思政"架起专业实践和思政教育的桥梁[N]. 中国社会科学报，2021-12-14（12）.

[27] 唐晓菁. "田野"作为教学方法：以法国"大学校"社科人才培养的研究性教学为例[J]. 中国高教研究，2020（14）：78-84.

[28] 张侃. 走进历史现场：论"田野工作"与大学历史本科教学[J]. 历史教学，2017（12）：66-69.

[29] SCHIPPLING A. Institutional Habitus of French Elite Colleges in the Context of International Isation: An In-depth Look at the Ecoles Normales supérieures", in Maxwell laireetal，Elite Education and International Isation[C]. Basingstoke: Palgrave Macmillan，2018：279-296.

[30] 汝骅. "三目标取向、三课堂联动、三层次递进"实践教学体系构建与实施路径研究[J]. 高教学刊，2023（3）：21-24.

[31] 翟孝娜. 旅游管理专业本科实践教学路径研究[D]. 锦州：渤海大学，2018.

[32] 易自力，卢向阳，莫利拉. 全日制普通高等学校教学全面质量管理实用指南[M]. 长沙：湖南人民出版社，2006.

[33] 俞仲文，刘守义，朱方来，等. 高等职业技术教育实践教学研究[M]. 北京：清华大学出版社，2004.

[34] 李雪. 高职院校旅游管理专业实践教学体系构建研究[D]. 锦州：渤海大学，2017.

[35] 张娜芳. 高等职业院校旅游管理专业实践教学体系研究[D]. 石家庄：河北师范大学，2020.

[36] 教育部. 中共中央 国务院印发《国家中长期人才发展规划纲要（2010—2020年）》[N]. 中国教育报，2010-06-07（1）.

[37] 杨洋. 基于"专思创"三元融合理念的旅游专业实践教学改革创新探索[J]. 科技创业月刊，2022，35（11）：107-109.

[38] 毕晓燕，麻彦坤. "知情意行"：基于社会建构主义理论的同伴教育认知[J]. 江苏教育，2023（6）：6-9.

[39] 李妍红. 差异与互补：皮亚杰与维果茨基建构主义思想之比较[J]. 新课程

研究（下旬刊），2009.

[40] 涂丽琴.情境教学在思想政治课中存在的问题及优化策略探究[D].武汉：华中师范大学，2018.

[41] 杜威．杜威教育论著选[M]．王承绪，译，武汉：华东师范大学出版社，1981.

[42] 任婷.基于情境教学理论的小学英语教学设计研究[D].扬州：扬州大学，2021.

[43] 韩阳.思想政治课情境教学理论与实践探究[D].大连：辽宁师范大学，2014.

[44] 马勇，杨洋，周霄.基于双轮驱动高校旅游双创人才培养模式体系构建研究[J].创新创业教育，2016，7（2）：67-70.

[45] 马皎.基于KAS模式下的产品设计本科课程整合研究[J].艺术科技，2016（1）：1.

[46] 徐佳澍.KAS模式下应用型本科院校国际贸易专业教学浅探[J].时代金融，2016（5）：262-263.

[47] 王胜华.KAS模式下的课程整合与实践能力培养：以国际贸易实务专业为例[J].南通职业大学学报，2006（12）：37-41.

[48] 布迪厄，华康德.实践与反思：反思社会学导引[M].李猛，李康，译.北京：中央编译出版社，1998.

[49] 聂长久.高校课堂场域中的场境教学[J].广州城市职业学院学报，2019，13（4）：15-20.

[50] 谢益民．论教育场域中的文化资本与话语构建：以学生为视角[J]．湖南社会科学，2013（6）：269-271.

[51] 邵文英，王凤晨．情境德育场：基于场域理论视角的德育研究[J]．河北学刊，2011（3）：176-178.

[52] 贺佐成."场域—惯习"视域下高职课程的运行逻辑与应对策略[J].教育与职业，2022（23）：105-112.

[53] 陈向东，吴平颐，张田力.学习空间开发的PSST框架[J].现代教育技术，2010，20（5）：19-22.

[54] Radcliffe D，Wilson H，Powell D，et al. Learning Spaces in Higher Education：

Positive Outcomes by Design. Proceedings of the Next Generation Learning Spaces Colloquium[M]. Brisbane：The University of Queensland，2009.

[55] 来智玲. 基于PSST框架的学习场域构建研究[D]. 无锡：江南大学，2022.

[56] 阳亚平，丁革民，陈展虹. 开放大学智慧学习空间设计与实践探索[J]. 中国远程教育，2021（9）：39-48.

[57] 曾欢. 课堂场域中课程内容适切性问题研究[D]. 锦州：渤海大学，2019.

[58] 刘生全. 论教育场域[J]. 北京大学教育评论，2006（4）：79.

[59] 杨广军. 符号的批判[D]. 上海：华东师范大学，2006.

[60] 何斌，张文绍. 论高校"课程思政"改革对教育场域的重塑[J]. 机械职业教育，2021（4）：37-40.

[61] 刘远杰. 场域概念的教育学重构[J]. 教育学报，2018（6）：21-33.

[62] 汪滨，张秀芹，李昕，等. 基于竞赛和创新项目的人才培养模式的探究和实践[J]. 高分子通报，2022（11）：124-127.

[63] 唐自慧，刘勇. 场域思维下的思政课堂理实一体化模式构建[J]. 科教导刊，2020，26（9）：97-98.

[64] 邓爱民，龙安娜，李鹏. 旅游管理专业课程思政"多维融合"教学模式创新研究[J]. 新文科教育研究，2021（4）：101-109.

[65] 黄东方，马贵香，吕朋，等. PBL教学模式下大学生创新精神培育和实践能力提升研究[J]. 创新创业理论研究与实践，2022，12（23）：150-152.

[66] 马勇，包雪，郭田田. 基于双轮驱动的高校旅游双创人才培养目标定位与质量提升研究[J]. 商业经济，2015（11）：83-85.

[67] 夏永林，陈盼盼. "大思政课"视域下高校课程思政育人路径研究[J]. 北京教育（德育），2022（12）：48-53.

[68] 新华社. 中共中央办公厅 国务院办公厅印发《关于实施中华优秀传统文化传承发展工程的意见》[EB/OL]. （2017-01-25）[2021-12-01].https：//www.gov.cn/zhengce/2017-01/25/content_5163472.htm.

[69] 杨琳，李唐波. 新文科背景下新闻传播专业课程思政的资源挖掘与路径创新[J]. 中国新闻传播研究，2022（11）：3-14.

[70] 刘美玲. 中职学校青年教师实践教学胜任力现状及提升策略研究：以广西

为例[D]. 南宁：南宁师范大学，2021.

[71] 李伟. 实践范式转换与实践教学改革[M]. 北京：教育科学出版社，2010.

[72] 吴轲威，闫彩虹. 课程思政背景下专业课教师角色的"变"与"不变"[J]. 中学政治：教学参考，2022（9）：93-96.

[73] 代静. 高校教师胜任力与教学胜任力研究现状[J]. 高教学刊，2021（21）：147-149.

[74] 王霞. 课程思政视域下高校专业课教师胜任力的双螺旋模型构建研究[J]. 教师，2021（34）：75-76.

[75] 李婷薇. "课程思政"视域下高校教师胜任力模型构建研究[J]. 大学，2022（10）：153-156.

[76] 张文剑. 加强新时代高校思政课教师队伍建设的三重维度[J]. 思想理论教育导刊，2022（8）：112-117.

[77] 杨洋. 独立院校旅游"双创"人才实习实训基地建设优化策略[J]. 科技创业月刊，2018（1）：65-68.

[78] 张雪婷，张世免. 新商科产教协同数智实践教学平台构建研究[J]. 教育教学论坛，2023，4（1）：53-56.

[79] 郭彦丽，薛云. 数字经济时代新商科实践人才培养模式探索[J]. 高教学刊，2020（36）：165-168.

[80] 周增为. "大思政课"建设中实践教学基地的价值意蕴和关键问题[J]. 人民教育，2022（18）：14-16.

[81] 李静，卢旎. "一轴两翼"下实践教学评价体系的研究[J]. 柳州职业技术学院学报，2021，21（4）：89-92.

[82] 李宝虹，尹士，霍英东. 数智化时代管理专业实验实践教学评价指标体系研究：基于CIPP评价模型的探索[J]. 中国轻工教育，2022（4）：74-83.

[83] 马玲玲. 基于CIPP模型构建综合实践活动课程评价指标体系[J]. 教学与管理，2020（9）：115-118.

[84] 张靓婷，高伟，张洪斌，等. 基于CIPP模型的应用型本科院校课堂教学质量评价研究[J]. 高教学刊，2022，8（20）：19-22.

[85] 张小茜. 基于CIPP模式的应用型本科院校课程评价体系研究[J]. 创新创业

教育，2023，14（1）：143-148.

[86] 卢慧雅. 融合CIPP评价模式的实践教学体系建设[J]. 福建电脑，2023，39（1）：45-49.

附　　录

附录 A：高等学校课程思政建设指导纲要

为深入贯彻落实习近平总书记关于教育的重要论述和全国教育大会精神，贯彻落实中共中央办公厅、国务院办公厅《关于深化新时代学校思想政治理论课改革创新的若干意见》，把思想政治教育贯穿人才培养体系，全面推进高校课程思政建设，发挥好每门课程的育人作用，提高高校人才培养质量，特制定本纲要。

一、全面推进课程思政建设是落实立德树人根本任务的战略举措

培养什么人、怎样培养人、为谁培养人是教育的根本问题，立德树人成效是检验高校一切工作的根本标准。落实立德树人根本任务，必须将价值塑造、知识传授和能力培养三者融为一体、不可割裂。全面推进课程思政建设，就是要寓价值观引导于知识传授和能力培养之中，帮助学生塑造正确的世界观、人生观、价值观，这是人才培养的应有之义，更是必备内容。这一战略举措，影响甚至决定着接班人问题，影响甚至决定着国家长治久安，影响甚至决定着民族复兴和国家崛起。要紧紧抓住教师队伍"主力军"、课程建设"主战场"、课堂教学"主渠道"，让所有高校、所有教师、所有课程都承担好育人责任，守好一段渠、种好责任田，使各类课程与思政课程同向同

行，将显性教育和隐性教育相统一，形成协同效应，构建全员全程全方位育人大格局。

二、课程思政建设是全面提高人才培养质量的重要任务

高等学校人才培养是育人和育才相统一的过程。建设高水平人才培养体系，必须将思想政治工作体系贯通其中，必须抓好课程思政建设，解决好专业教育和思政教育"两张皮"问题。要牢固确立人才培养的中心地位，围绕构建高水平人才培养体系，不断完善课程思政工作体系、教学体系和内容体系。高校主要负责同志要直接抓人才培养工作，统筹做好各学科专业、各类课程的课程思政建设。要紧紧围绕国家和区域发展需求，结合学校发展定位和人才培养目标，构建全面覆盖、类型丰富、层次递进、相互支撑的课程思政体系。要切实把教育教学作为最基础最根本的工作，深入挖掘各类课程和教学方式中蕴含的思想政治教育资源，让学生通过学习，掌握事物发展规律，通晓天下道理，丰富学识，增长见识，塑造品格，努力成为德智体美劳全面发展的社会主义建设者和接班人。

三、明确课程思政建设目标要求和内容重点

课程思政建设工作要围绕全面提高人才培养能力这个核心点，在全国所有高校、所有学科专业全面推进，促使课程思政的理念形成广泛共识，广大教师开展课程思政建设的意识和能力全面提升，协同推进课程思政建设的体制机制基本健全，高校立德树人成效进一步提高。

课程思政建设内容要紧紧围绕坚定学生理想信念，以爱党、爱国、爱社会主义、爱人民、爱集体为主线，围绕政治认同、家国情怀、文化素养、宪法法治意识、道德修养等重点优化课程思政内容供给，系统进行中国特色社会主义和中国梦教育、社会主义核心价值观教育、法治教育、劳动教育、心理健康教育、中华优秀传统文化教育。

——推进习近平新时代中国特色社会主义思想进教材进课堂进头脑。坚

持不懈用习近平新时代中国特色社会主义思想铸魂育人，引导学生了解世情国情党情民情，增强对党的创新理论的政治认同、思想认同、情感认同，坚定中国特色社会主义道路自信、理论自信、制度自信、文化自信。

——培育和践行社会主义核心价值观。教育引导学生把国家、社会、公民的价值要求融为一体，提高个人的爱国、敬业、诚信、友善修养，自觉把小我融入大我，不断追求国家的富强、民主、文明、和谐和社会的自由、平等、公正、法治，将社会主义核心价值观内化为精神追求、外化为自觉行动。

——加强中华优秀传统文化教育。大力弘扬以爱国主义为核心的民族精神和以改革创新为核心的时代精神，教育引导学生深刻理解中华优秀传统文化中讲仁爱、重民本、守诚信、崇正义、尚和合、求大同的思想精华和时代价值，教育引导学生传承中华文脉，富有中国心、饱含中国情、充满中国味。

——深入开展宪法法治教育。教育引导学生学思践悟习近平全面依法治国新理念新思想新战略，牢固树立法治观念，坚定走中国特色社会主义法治道路的理想和信念，深化对法治理念、法治原则、重要法律概念的认知，提高运用法治思维和法治方式维护自身权利、参与社会公共事务、化解矛盾纠纷的意识和能力。

——深化职业理想和职业道德教育。教育引导学生深刻理解并自觉实践各行业的职业精神和职业规范，增强职业责任感，培养遵纪守法、爱岗敬业、无私奉献、诚实守信、公道办事、开拓创新的职业品格和行为习惯。

四、科学设计课程思政教学体系

高校要有针对性地修订人才培养方案，切实落实高等职业学校专业教学标准、本科专业类教学质量国家标准和一级学科、专业学位类别（领域）博士硕士学位基本要求，构建科学合理的课程思政教学体系。要坚持学生中心、产出导向、持续改进，不断提升学生的课程学习体验、学习效果，坚决防止"贴标签""两张皮"。

公共基础课程。要重点建设一批提高大学生思想道德修养、人文素质、科学精神、宪法法治意识、国家安全意识和认知能力的课程，注重在潜移默化中坚定学生理想信念、厚植爱国主义情怀、加强品德修养、增长知识见识、培养奋斗精神，提升学生综合素质。打造一批有特色的体育、美育类课程，帮助学生在体育锻炼中享受乐趣、增强体质、健全人格、锤炼意志，在美育教学中提升审美素养、陶冶情操、温润心灵、激发创造创新活力。

专业教育课程。要根据不同学科专业的特色和优势，深入研究不同专业的育人目标，深度挖掘提炼专业知识体系中所蕴含的思想价值和精神内涵，科学合理拓展专业课程的广度、深度和温度，从课程所涉专业、行业、国家、国际、文化、历史等角度，增加课程的知识性、人文性，提升引领性、时代性和开放性。

实践类课程。专业实验实践课程，要注重学思结合、知行统一，增强学生勇于探索的创新精神、善于解决问题的实践能力。创新创业教育课程，要注重让学生"敢闯会创"，在亲身参与中增强创新精神、创造意识和创业能力。社会实践类课程，要注重教育和引导学生弘扬劳动精神，将"读万卷书"与"行万里路"相结合，扎根中国大地了解国情民情，在实践中增长智慧才干，在艰苦奋斗中锤炼意志品质。

五、结合专业特点分类推进课程思政建设

专业课程是课程思政建设的基本载体。要深入梳理专业课教学内容，结合不同课程特点、思维方法和价值理念，深入挖掘课程思政元素，有机融入课程教学，达到润物无声的育人效果。

——文学、历史学、哲学类专业课程。要在课程教学中帮助学生掌握马克思主义世界观和方法论，从历史与现实、理论与实践等维度深刻理解习近平新时代中国特色社会主义思想。要结合专业知识教育引导学生深刻理解社会主义核心价值观，自觉弘扬中华优秀传统文化、革命文化、社会主义先进文化。

——经济学、管理学、法学类专业课程。要在课程教学中坚持以马克思主义为指导，加快构建中国特色哲学社会科学学科体系、学术体系、话语体系。要帮助学生了解相关专业和行业领域的国家战略、法律法规和相关政

策，引导学生深入社会实践、关注现实问题，培育学生经世济民、诚信服务、德法兼修的职业素养。

——教育学类专业课程。要在课程教学中注重加强师德师风教育，突出课堂育德、典型树德、规则立德，引导学生树立学为人师、行为世范的职业理想，培育爱国守法、规范从教的职业操守，培养学生传道情怀、授业底蕴、解惑能力，把对家国的爱、对教育的爱、对学生的爱融为一体，自觉以德立身、以德立学、以德施教，争做有理想信念、有道德情操、有扎实学识、有仁爱之心的"四有"好老师，坚定不移走中国特色社会主义教育发展道路。体育类课程要树立健康第一的教育理念，注重爱国主义教育和传统文化教育，培养学生顽强拼搏、奋斗有我的信念，激发学生提升全民族身体素质的责任感。

——理学、工学类专业课程。要在课程教学中把马克思主义立场观点方法的教育与科学精神的培养结合起来，提高学生正确认识问题、分析问题和解决问题的能力。理学类专业课程，要注重科学思维方法的训练和科学伦理的教育，培养学生探索未知、追求真理、勇攀科学高峰的责任感和使命感。工学类专业课程，要注重强化学生工程伦理教育，培养学生精益求精的大国工匠精神，激发学生科技报国的家国情怀和使命担当。

——农学类专业课程。要在课程教学中加强生态文明教育，引导学生树立和践行绿水青山就是金山银山的理念。要注重培养学生的"大国三农"情怀，引导学生以强农兴农为己任，"懂农业、爱农村、爱农民"，树立把论文写在祖国大地上的意识和信念，增强学生服务农业农村现代化、服务乡村全面振兴的使命感和责任感，培养知农爱农创新人才。

——医学类专业课程。要在课程教学中注重加强医德医风教育，着力培养学生"敬佑生命、救死扶伤、甘于奉献、大爱无疆"的医者精神，注重加强医者仁心教育，在培养精湛医术的同时，教育引导学生始终把人民群众生命安全和身体健康放在首位，尊重患者，善于沟通，提升综合素养和人文修养，提升依法应对重大突发公共卫生事件能力，做党和人民信赖的好医生。

——艺术学类专业课程。要在课程教学中教育引导学生立足时代、扎根人民、深入生活，树立正确的艺术观和创作观。要坚持以美育人、以美化人，积极弘扬中华美育精神，引导学生自觉传承和弘扬中华优秀传统文化，全面提高学生的审美和人文素养，增强文化自信。

高等职业学校要结合高职专业分类和课程设置情况，落实好分类推进相关要求。

六、将课程思政融入课堂教学建设全过程

高校课程思政要融入课堂教学建设，作为课程设置、教学大纲核准和教案评价的重要内容，落实到课程目标设计、教学大纲修订、教材编审选用、教案课件编写各方面，贯穿于课堂授课、教学研讨、实验实训、作业论文各环节。要讲好用好马工程重点教材，推进教材内容进人才培养方案、进教案课件、进考试。要创新课堂教学模式，推进现代信息技术在课程思政教学中的应用，激发学生学习兴趣，引导学生深入思考。要健全高校课堂教学管理体系，改进课堂教学过程管理，提高课程思政内涵融入课堂教学的水平。要综合运用第一课堂和第二课堂，组织开展"中国政法实务大讲堂""新闻实务大讲堂"等系列讲堂，深入开展"青年红色筑梦之旅""百万师生大实践"等社会实践、志愿服务、实习实训活动，不断拓展课程思政建设方法和途径。

七、提升教师课程思政建设的意识和能力

全面推进课程思政建设，教师是关键。要推动广大教师进一步强化育人意识，找准育人角度，提升育人能力，确保课程思政建设落地落实、见功见效。要加强教师课程思政能力建设，建立健全优质资源共享机制，支持各地各高校搭建课程思政建设交流平台，分区域、分学科专业领域开展经常性的典型经验交流、现场教学观摩、教师教学培训等活动，充分利用现代信息技术手段，促进优质资源在各区域、层次、类型的高校间共享共用。依托高校教师网络培训中心、教师教学发展中心等，深入开展马克思主义政治经济学、马克思主义新闻观、中国特色社会主义法治理论、法律职业伦理、工程伦理、医学人文教育等专题培训。支持高校将课程思政纳入教师岗前培训、

在岗培训和师德师风、教学能力专题培训等。充分发挥教研室、教学团队、课程组等基层教学组织作用，建立课程思政集体教研制度。鼓励支持思政课教师与专业课教师合作教学教研，鼓励支持院士、"长江学者"、"杰青"、国家级教学名师等带头开展课程思政建设。

加强课程思政建设重点、难点、前瞻性问题的研究，在教育部哲学社会科学研究项目中积极支持课程思政类研究选题。充分发挥高校课程思政教学研究中心、思想政治工作创新发展中心、马克思主义学院和相关学科专业教学组织的作用，构建多层次课程思政建设研究体系。

八、建立健全课程思政建设质量评价体系和激励机制

人才培养效果是课程思政建设评价的首要标准。建立健全多维度的课程思政建设成效考核评价体系和监督检查机制，在各类考核评估评价工作和深化高校教育教学改革中落细落实。充分发挥各级各类教学指导委员会、学科评议组、专业学位教育指导委员会、行业职业教育教学指导委员会等专家组织作用，研究制订科学多元的课程思政评价标准。把课程思政建设成效作为"双一流"建设监测与成效评价、学科评估、本科教学评估、一流专业和一流课程建设、专业认证、"双高计划"评价、高校或院系教学绩效考核等的重要内容。把教师参与课程思政建设情况和教学效果作为教师考核评价、岗位聘用、评优奖励、选拔培训的重要内容。在教学成果奖、教材奖等各类成果的表彰奖励工作中，突出课程思政要求，加大对课程思政建设优秀成果的支持力度。

九、加强课程思政建设组织实施和条件保障

课程思政建设是一项系统工程，各地各高校要高度重视，加强顶层设计，全面规划，循序渐进，以点带面，不断提高教学效果。要尊重教育教学规律和人才培养规律，适应不同高校、不同专业、不同课程的特点，强化分类指导，确定统一性和差异性要求。要充分发挥教师的主体作用，切实提高

每一位教师参与课程思政建设的积极性和主动性。

加强组织领导。教育部成立课程思政建设工作协调小组，统筹研究重大政策，指导地方、高校开展工作；组建高校课程思政建设专家咨询委员会，提供专家咨询意见。各地教育部门和高校要切实加强对课程思政建设的领导，结合实际研究制定各地、各校课程思政建设工作方案，健全工作机制，强化督查检查。各高校要建立党委统一领导、党政齐抓共管、教务部门牵头抓总、相关部门联动、院系落实推进、自身特色鲜明的课程思政建设工作格局。

加强支持保障。各地教育部门要加强政策协调配套，统筹地方财政高等教育资金和中央支持地方高校改革发展资金，支持高校推进课程思政建设。中央部门所属高校要统筹利用中央高校教育教学改革专项等中央高校预算拨款和其他各类资源，结合学校实际，支持课程思政建设工作。地方高校要根据自身建设计划，统筹各类资源，加大对课程思政建设的投入力度。

加强示范引领。面向不同层次高校、不同学科专业、不同类型课程，持续深入抓典型、树标杆、推经验，形成规模、形成范式、形成体系。教育部选树一批课程思政建设先行校、一批课程思政教学名师和团队，推出一批课程思政示范课程、建设一批课程思政教学研究示范中心，设立一批课程思政建设研究项目，推动建设国家、省级、高校多层次示范体系，大力推广课程思政建设先进经验和做法，全面形成广泛开展课程思政建设的良好氛围，全面提高人才培养质量。

附录B：旅游企业用人需求特征调查问卷

尊敬的先生/女士：

您好！

首先感谢您在百忙之中拨冗接受调查！为了解"十四五"时期旅游人才需求，为我们的专业设置和教育、教学改革研究提供必要的支持，设置了本调查问卷，现在非常需要您的帮助。您所填写的问卷采取不记名的方式，问卷所收集的信息仅供学术研究之用，不作为其他任何用途，敬请放心。谢谢您宝贵的时间与给予的意见！

1.贵单位属于以下哪种类型？

A.酒店 B.旅行社 C.景区 D.OTA企业 E.旅游新媒体 F.会展/文化公司 G.其他

2.贵单位对旅游管理专业人才的需求情况。

A.大量 B.少量 C.无所谓 D.不需要

3.贵单位在招聘人员时对于专业是否要求对口？

A.很注重 B.比较注重 C.一般 D.比较不注重 E.很不注重

4.贵单位招聘员工主要通过什么方式？【多选题】

A.本地人才市场 B.校园招聘 C.网络招聘 D.内部推荐

E.主动求职者 F.中介公司 G.其他

5.贵单位在招聘时最重视哪些方面？

	非常重视	不重视	一般	重视	非常重视
学历及专业					
学校品牌					
学习成绩					
获得荣誉					
思想品德					
形象气质					
外语水平					
专业实习经历					

6.实际工作中，本科学校毕业生的专业知识和技能是否适应职业岗位的

要求。

A.适应 B.基本适应 C.不适应

7.贵单位希望员工对岗位的适应时长。

A.1个月以下 B.1～3个月 C.4～6个月 D.6个月～1年 E.1年以上

8.贵单位对员工能力的看重程度。

	非常看重	不看重	一般	看重	非常看重
专业知识能力					
外语能力					
计算机操作能力					
文字写作能力					
人际沟通能力					
动手能力					
适应能力					
自主学习能力					
职业规划能力					

9.贵单位对职业资格证书的看法。

A.具有含金量 B.反应学习态度和能力 C.名不符实

10.贵单位对员工职业素养重要性的认同度。

	非常同意	同意	一般	不同意	非常不同意
职业道德（忠于职守、服从调动、诚实守信、遵守制度）					
心理素质（适应能力、应变能力）					
责任心（无私服务、敢于担当、主人翁精神）					
吃苦耐劳精神					
专业知识（了解产品、熟悉技术、专业知识）					
服务意识					

(续表)

	非常同意	同意	一般	不同意	非常不同意
团队意识（与他人合作、帮助他人、听取意见）					
个人形象					
职业规划能力					

11.进入"十四五"时期，贵单位认为旅游产业的发展对旅游人才能力的新要求有哪些？

	非常重要	比较重要	一般	不重要	非常不重要
个性服务					
网络营销					
理论运用					
活动策划					
多语言沟通					
资源整合					
自主创业					
终身学习					
持续创新					

12.进入"十四五"时期，贵单位认为旅游产业发展对旅游人才的知识新要求有哪些？

	非常重要	比较重要	一般	不重要	非常不重要
旅游发展现状趋势					
国内外人文地理知识					
旅游电子商务类知识					
旅游策划类知识					
多种语言					
经济管理类知识					
创新创业及相关领域知识					

附录 C：应用型本科高校旅游管理专业实践教学体系现状调查问卷

亲爱的同学：

您好！非常感谢您在紧张的学习之中抽出宝贵的时间参与这项调查。这是一份关于应用型本科院校旅游管理专业实践教学体系现状的调查问卷。调查以匿名的方式进行，仅用于专业教学调研使用，不会对您的生活产生任何影响，请根据您所在学校的实际情况进行填写。再次表示感谢！

（注：实践教学包括案例讲解、情景扮演、报告撰写、分组讨论、项目策划、学科竞赛、双创活动、志愿服务、考察参观、毕业实习等活动，以及平面制图、展台设计、旅游摄影、茶艺、水吧、礼仪口才、形体、餐饮客房实操等实践课程）

1.您的性别是（ ）。

A.男 B.女

2.您现在读几年级？（ ）

A.大一 B.大二 C.大三 D.大四

3.您参加过的校内实践教学形式有（ ）。（多选题）

A.客房操作演练 B.餐饮服务演练 C.形体礼仪训练 D.口才训练

E.导游讲解 F.策划方案设计 G.学科竞赛 H.项目申报 I.其他

4.您参加过的校外实践活动有（ ）。（多选题）

A.企业参观 B.酒店实习 C.旅行社实习 D.实地调研

E.志愿服务 F.景区实习 G.校外兼职 H.其他

5.您对开展实践教学的看法是（ ）。

A.浪费时间，不赞成 B.只是提供廉价劳动力

C.可有可无，效用不大 D.很有必要，能有效锻炼专业技能

6.您认为进行实践教学改革的必要性（ ）。

A.很有必要 B.有必要 C.没有必要 D.一般

7.您对实践课程参与的态度（ ）。

A.非常喜欢 B.愿意参与 C.不感兴趣 D.比较排斥

8.您对本专业实践教学课程教学安排是否满意？（　）

A.十分满意　B.比较满意　C.无所谓　D.不满意

9.您认为您在实践课程中独立操作的机会（　）。

A.很多　B.一般　C.偶尔　D.没有

10.您认为从实践课程中能得到收获吗？（　）

A.很有收获　B.有收获　C.收获不大　D.无收获

11.您认为实践课程能否提高自我的创新能力和综合素质？（　）

A.能　B.不能

12.您所在学校的实验室或实训室的数量是多少？（　）

A.数量充足　B.数量一般　C.数量短缺　D.具体不清楚

13.您对所在学校实践教学体系硬件设施满意度为（　）。

A.较满意　B.满意　C.一般　D.不满意

14.您在实践教学活动中的最大劣势是（　）（多选题）。

A.理论知识　B.外语交流　C.操作技能　D.团队合作

E.人际交往　F.创新思维　G.其他

15.通过实践活动，您认为自己收获最大的是什么？（　）（最多选两项）

A.增加了社会阅历　B.了解产业发展实际　C.增强了交际能力

D.提高了操作技能　E.增加了管理能力　F.磨炼了意志品格

16.您认为实践教学课程的教师队伍结构如何？（　）

A.结构良好，校内外教师均有　B.结构一般，只有校内教师

C.结构较差，教师数量短缺

17.您认为旅游专业教师的实践经验如何？（　）

A.非常丰富　B.比较丰富　C.一般　D.不丰富

18.实践教学中教师借助互联网技术教学的频率（　）。

A.经常性　B.一般性　C.较少　D.从来没有

19.您希望贵校旅游管理专业毕业实习安排的形式是（　）。

A.学校统一安排　B.学生自行安排　C.两者互相结合

20.您认为现在的实践课程考核方式，能否真实地反映您的实践水平？（　）

A.完全反映　B.部分反映　C.不能反映

21.您对实践课程的考核方式是否满意？（　）

A.满意　B.比较满意　C.一般　D.不满意

22.您认为应该如何进行实践课程考核评价？（　）（最多选两项）

A.指导教师点评　B.学生自评　C.学生互评

D.学姐学长助评　E.企业点评

附录 D：2023 全国普通高校大学生竞赛目录

序号	竞赛名称	备注
1	中国国际"互联网+"大学生创新创业大赛	
2	"挑战杯"全国大学生课外学术科技作品竞赛	
3	"挑战杯"中国大学生创业计划大赛	
4	ACM-ICPC 国际大学生程序设计竞赛	
5	全国大学生数学建模竞赛	
6	全国大学生电子设计竞赛	
7	中国大学生医学技术技能大赛	
8	全国大学生机械创新设计大赛	
9	全国大学生结构设计竞赛	
10	全国大学生广告艺术大赛	
11	全国大学生智能汽车竞赛	
12	全国大学生电子商务"创新、创意及创业"挑战赛	
13	中国大学生工程实践与创新能力大赛	
14	全国大学生物流设计大赛	
15	外研社全国大学生英语系列赛①英语演讲②英语辩论③英语写作④英语阅读	
16	两岸新锐设计竞赛·华灿奖	
17	全国大学生创新创业训练计划年会展示	
18	全国大学生化工设计竞赛	
19	全国大学生机器人大赛①RoboMaster②RoboCon	
20	全国大学生市场调查与分析大赛	
21	全国大学生先进成图技术与产品信息建模创新大赛	
22	全国三维数字化创新设计大赛	
23	"西门子杯"中国智能制造挑战赛	
24	中国大学生服务外包创新创业大赛	
25	中国大学生计算机设计大赛	
26	中国高校计算机大赛①大数据挑战赛②团体程序设计天梯赛③移动应用创新赛④网络技术挑战赛⑤人工智能创意赛	
27	蓝桥杯全国软件和信息技术专业人才大赛	
28	米兰设计周——中国高校设计学科师生优秀作品展	

(续表)

序号	竞赛名称	备注
29	全国大学生地质技能竞赛	
30	全国大学生光电设计竞赛	
31	全国大学生集成电路创新创业大赛	
32	全国大学生金相技能大赛	
33	全国大学生信息安全竞赛	
34	未来设计师·全国高校数字艺术设计大赛	
35	全国周培源大学生力学竞赛	
36	中国大学生机械工程创新创意大赛	原中国大学生机械工程创新创意大赛——过程装备实践与创新赛、铸造工艺设计赛、材料热处理创新创业赛、起重机创意赛、智能制造大赛
37	中国机器人大赛暨RoboCup机器人世界杯中国赛	
38	"中国软件杯"大学生软件设计大赛	
39	中美青年创客大赛	
40	睿抗机器人开发者大赛（RAICOM）	原RoboCom机器人开发者大赛
41	"大唐杯"全国大学生新一代信息通信技术大赛	原"大唐杯"全国大学生移动通信5G技术大赛
42	华为ICT大赛	
43	全国大学生嵌入式芯片与系统设计竞赛	
44	全国大学生生命科学竞赛（CULSC）	原全国大学生生命科学竞赛（CULSC）——生命科学竞赛、生命创新创业大赛
45	全国大学生物理实验竞赛	
46	全国高校BIM毕业设计创新大赛	
47	全国高校商业精英挑战赛①品牌策划竞赛②会展专业创新创业实践竞赛③国际贸易竞赛④创新创业竞赛⑤会计与商业管理案例竞赛	⑤会计与商业管理案例竞赛为2023年新增
48	"学创杯"全国大学生创业综合模拟大赛	
49	中国高校智能机器人创意大赛	
50	中国好创意暨全国数字艺术设计大赛	

(续表)

序号	竞赛名称	备注
51	中国机器人及人工智能大赛	
52	全国大学生节能减排社会实践与科技竞赛	2023年重新纳入
53	"21世纪杯"全国英语演讲比赛	2023年新增
54	iCAN大学生创新创业大赛	2023年新增
55	"工行杯"全国大学生金融科技创新大赛	2023年新增
56	中华经典诵写讲大赛	2023年新增
57	"外教社杯"全国高校学生跨文化能力大赛	2023年新增
58	百度之星·程序设计大赛	2023年新增
59	全国大学生工业设计大赛	2023年新增
60	全国大学生水利创新设计大赛	2023年新增
61	全国大学生化工实验大赛	2023年新增
62	全国大学生化学实验创新设计大赛	2023年新增
63	全国大学生计算机系统能力大赛	2023年新增
64	全国大学生花园设计建造竞赛	2023年新增
65	全国大学生物联网设计竞赛	2023年新增
66	全国大学生信息安全与对抗技术竞赛	2023年新增
67	全国大学生测绘学科创新创业智能大赛	2023年新增
68	全国大学生统计建模大赛	2023年新增
69	全国大学生能源经济学术创意大赛	2023年新增
70	全国大学生基础医学创新研究暨实验设计论坛（大赛）	2023年新增
71	全国大学生数字媒体科技作品及创意竞赛	2023年新增
72	全国本科院校税收风险管控案例大赛	2023年新增
73	全国企业竞争模拟大赛	2023年新增
74	全国高等院校数智化企业经营沙盘大赛	2023年新增
75	全国数字建筑创新应用大赛	2023年新增
76	全球校园人工智能算法精英大赛	2023年新增
77	国际大学生智能农业装备创新大赛	2023年新增
78	"科云杯"全国大学生财会职业能力大赛	2023年新增
79	全国职业院校技能大赛	高职赛
80	全国大学生机器人大赛——RoboTac	高职赛
81	世界技能大赛	高职赛
82	世界技能大赛中国选拔赛	高职赛

（续表）

序号	竞赛名称	备注
83	"一带一路"暨金砖国家技能发展与技术创新大赛	2023年新增高职赛
84	码蹄杯全国职业院校程序设计大赛	2023年新增高职赛

备注1：按照竞赛入榜年份、竞赛名称首字笔画从小到大进行排序。

备注2：系列赛入榜年份按照第一个子赛入榜年份计算。